Ewers (Hrsg.)
Kindliches Erzählen, Erzählen für Kinder

# Kindliches Erzählen, Erzählen für Kinder

Erzählerwerb, Erzählwirklichkeit
und erzählende Kinderliteratur

In Verbindung mit der Arbeitsgemeinschaft
Kinder- und Jugendliteraturforschung
herausgegeben von Hans-Heino Ewers

Beltz Verlag · Weinheim und Basel 1991

*Über den Herausgeber:*

Hans-Heino Ewers, Jg. 1949, ist seit 1989 Professor für Germanistik/Literaturwissenschaft mit dem Schwerpunkt Kinder- und Jugendliteratur an der Johann Wolfgang Goethe-Universität Frankfurt am Main und Direktor des Instituts für Jugendbuchforschung.

Die Deutsche Bibliothek – CIP-Einheitsaufnahme

*Kindliches Erzählen, Erzählen für Kinder* : Erzählerwerb, Erzählwirklichkeit und erzählende Kinderliteratur / in Verbindung mit der Arbeitsgemeinschaft Kinder- und Jugendliteraturforschung hrsg. von Hans-Heino Ewers. – Weinheim ; Basel : Beltz, 1991
  (Beltz Grüne Reihe)
  ISBN 3-407-25130-0
NE: Ewers, Hans-Heino [Hrsg.]

Alle Rechte, insbesondere das Recht der Vervielfältigung und Verbreitung sowie der Übersetzung, vorbehalten. Kein Teil des Werkes darf in irgendeiner Form (durch Photokopie, Mikrofilm oder ein anderes Verfahren) ohne schriftliche Genehmigung des Verlages reproduziert oder unter Verwendung elektronischer Systeme verarbeitet, vervielfältigt oder verbreitet werden.

Lektorat: Peter E. Kalb

© 1991 Beltz Verlag · Weinheim und Basel
Herstellung (DTP): Klaus Kaltenberg
Druck: Druck Partner Rübelmann, 6944 Hemsbach
Umschlaggestaltung: Dieter Vollendorf, München
Printed in Germany

ISBN 3-407-25130-0

# Inhalt

Einleitung .................................. 7

Dietrich Boueke/Frieder Schülein:
Kindliches Erzählen als Realisierung eines narrativen
Schemas .................................... 13

Helmut Fischer:
Die kindliche Erzählwirklichkeit. Mündliche Texte von
Grundschülern ............................... 42

Kristin Wardetzky:
Frühe Prägungen? Märchenrezeption und Entwicklung
literarischer Interessen ...................... 61

Johannes Merkel:
Die Resonanz zwischen Erzähler und kindlichem Publikum. Mündliches Erzählen als Kommunikationsform
angesichts der audiovisuellen Medien .......... 82

Hans-Heino Ewers:
Kinder brauchen Geschichten. Im kinderliterarischen
Geschichtenerzählen lebt die alte Erzählkunst fort .... 100

Gundel Mattenklott:
Kindheitsmythen in der erzählenden Kinderliteratur ... 115

Karin Richter:
Erzählen für Kinder. Zum Struktur- und Funktionswandel der Kinder- und Jugendliteratur in der DDR ... 134

Jürgen Martini:
Kinder- und Jugendliteratur in der Dritten Welt. Am
Beispiel einiger afrikanischer Länder ............... 154

Bernd Dolle-Weinkauff:
Wie im Comic erzählt wird. Erzählerrollen in der Bildgeschichte ........................................ 171

# Einleitung

Das Erzählen von Geschichten hat in den letzten zwei bis drei Dekaden eine Wiederentdeckung erfahren – sowohl auf literarischer, auf wissenschaftlicher wie auf pädagogischer bzw. schulischer Ebene. Daß es sich dabei um eine in der Buch- und Schriftkultur, in der Informations- und Mediengesellschaft im Untergang befindliche oder vom Untergang zumindest bedrohte Kommunikations- und Überlieferungsweise handelt, um eine von der Romankultur ins Abseits gedrängte epische Kunstform, war auf den verschiedenen Ebenen mit unterschiedlicher Deutlichkeit zu spüren. Am deutlichsten trat im literarischen Bereich der Vergangenheitscharakter des Geschichtenerzählens zutage. Die Forderung nach einer Restitution des Epischen im nachbürgerlichen Zeitalter, bereits in den 20er, Anfang der 30er Jahre von Alfred Döblin, Bertolt Brecht und Walter Benjamin erhoben, blieb unerfüllt, und bereits in seinem großen Erzähler-Essay von 1936 lautet die Prognose Benjamins auf ein Entschwinden dieser althergebrachten Kunst. Literarische Annäherungen an das Geschichtenerzählen hat es seitdem immer wieder gegeben; mehr denn praktiziert ist es dabei thematisiert worden. Recht besehen zählt es neben der Kindheit etwa zu einem der großen Themen des modernen Romans; dieser hat sich ihm als einem Untergegangenen bzw. Untergehenden in sentimentaler Trauer immer wieder zugewandt. Dem entspricht es, daß auf literaturwissenschaftlicher Ebene die Auseinandersetzung mit den sogenannten epischen Kleinformen, von der modernen Kurzgeschichte einmal abgesehen, ein kümmerliches Dasein am Rande fristet; das gattungstheoretische Niveau und die geschichtsphilosophische

Tiefe, wie sie für die Arbeiten eines André Jolles, Ernst Bloch und Walter Benjamin zu den »einfachen« epischen Formen charakteristisch waren, sucht man heutzutage vergebens (wobei auch hier Ausnahmen zu verzeichnen sind). Die gesamtkulturelle Entwicklung steckt voller Ungleichzeitigkeiten, und wenn im literarischen Bereich Geschichten kaum noch erzählt, in dem der Informationsmedien ausschließlich Nachrichten übermittelt werden, so findet in der alltäglichen Rede, in der zwischenmenschlichen Kommunikation immer noch die Übermittlung von merkwürdigen Ereignissen, von Geschichten also, statt. So nimmt es nicht wunder, daß sich innerhalb der Linguistik dort, wo sie sich mit der Alltagsrede und ihren Schemata befaßt, ein eigener Erzählforschungsbereich von mittlerweile immenser Größe etabliert hat. Im Verhältnis der Ungleichzeitigkeit zur sogenannten anspruchsvollen Literatur stehen des weiteren zahlreiche Gebiete der populären bzw. Alltagskultur auf lokaler oder regionaler Ebene, im ländlichen oder städtischen Raum. Die moderne Volkskunde hat längst begonnen, die in diesen Bereichen noch lebendige mündlich überlieferte Erzähltradition zu erkunden; rechnet man die ethnologischen Gebiete hinzu, so bietet sich der volkskundlichen Erzählforschung ein womöglich noch weiteres Forschungsfeld als der linguistischen.

Für eine dauerhafte Festschreibung von Ungleichzeitigkeit sorgen nicht zuletzt die menschliche Ontogenese, die besondere Weise der Enkulturation des menschlichen Individuums. Mit Blick auf die Heranwachsenden behalten gattungsgeschichtlich, kultur- und literaturhistorisch überholte Aussage- und Darstellungsformen Aktualität, weil sie deren Verstehens- und Auffassungsmöglichkeiten in besonderer Weise entgegenkommen. Im Horizont der Kinderkultur ist das Geschichtenerzählen lebendig wie eh und je, und selbst die kulturell avanciertesten Kreise halten es auf dieser Ebene für gänzlich unüberholt. Daß Kinder Geschichten erzählen, löst gesellschaftlich keinerlei Verwunderung aus; es gilt als normal ebenso wie der Umstand, daß man Kindern Geschichten erzählt, vorliest oder zu lesen gibt. Kindliches Erzählen ist zu einem prominenten Gegenstand der linguistischen Erzählforschung geworden; zögerlicher hat sich demgegenüber die volkskundliche Erzählforschung an die Eruierung des unter Kindern läufigen Erzählgutes gemacht. Die Kinderliteraturwissenschaft schließlich darf man zu einem erheblichen Teil als Erzählforschung ansehen – insoweit jedenfalls, als sie sich mit dem Teil der erzählenden Kinderliteratur befaßt, der noch den Gesetzen des althergebrachten Geschichtenerzählens gehorcht, und dieser Teil ist noch heute von beträchtlichem Umfang.

Die Kinderliteratur ist dennoch ein Grenzphänomen; in sie dringen, und zwar in zunehmendem Maße, Darstellungsformen ein, wie sie für den modernen bürgerlichen Roman charakteristisch sind. Innerhalb der Literaturwissenschaften ist es Usus, die Untersuchung der Darstellungsformen des Romans auch als »Erzählforschung« zu bezeichnen. Es gilt dabei nicht zu vergessen, daß diese »Erzählforschung« es mit einem von Grund aus anders gearteten Gegenstand zu tun hat. Von der Alltagserzählung über die mündlich oder schriftlich tradierten Geschichten der lokalen, regionalen oder nationalen Folklore bis hin zu den literarischen und dann auch kinderliterarischen Geschichten haben wir es mit einem in seinen Grundelementen kohärenten Gegenstandsbereich zu tun, dem sich der Roman als ein Anderes gegenüberstellt, so sehr er in seinen Anfängen auch eine Nähe zum Geschichtenerzählen zu wahren bemüht war. Wie die Kinderliteratur selbst, so ist auch die kinderliterarische Erzählforschung ein Zwischending, insofern sie mit zwei verschiedenen Gegenständen befaßt ist. Wo sie sich auf einen Bereich traditionellen kinderliterarischen Geschichtenerzählens bezieht, steht sie der linguistischen, mehr noch der volkskundlichen Erzählforschung nahe, insofern sie mit ihnen ein und denselben übergreifenden Gegenstand teilt, das Erzählen. Wo sie es mit einer nach den Gesetzen des Romans geformten Kinderliteratur zu tun hat, bezieht sie sich auf ein rein literarisches Phänomen, dem auf der Ebene der Alltagsrede oder der Alltagskultur nichts Vergleichbares mehr gegenübersteht.

Die hochgradige Spezialisierung wie die wechselseitige Abkapselung der fächerspezifischen Erzählforschungen haben dazu geführt, daß das Erzählen als übergreifendes Phänomen droht in Vergessenheit zu geraten. Wenn die Gesamtheit dessen, was das Erzählen im Vorschul- und Schulalter ausmacht, aus dem Blickfeld gerät, dann ist dies für den Praktiker von besonderem Nachteil, soll er doch möglichst alle Aspekte des Phänomens im Auge behalten. Der vorliegende Band versucht, dieser Zersplitterung entgegenzuwirken – nicht dadurch, daß er schon Synthesen anbietet. Er stellt lediglich nebeneinander – und zwar Beiträge zum kindlichen Erzählen wie zum mündlichen und literarischen Erzählen für Kinder aus verschiedenen Disziplinen: Linguistik, Volkskunde, Rezeptionspsychologie, Kommunikationsforschung, Kinderliteraturwissenschaft und Comicforschung. Übergreifende Aspekte werden in einigen der Beiträge zwar angesprochen; die Verbindungslinien zu ziehen, bleibt jedoch im wesentlichen die Aufgabe der Leserin bzw. des Lesers. Ausgangsmaterialien hierzu werden jedenfalls reichhaltig geboten.

Der Gegenstand des Bandes ist das Erzählen, genauer: das Geschichtenerzählen, als übergreifendes Phänomen, d.h. als Bestandteil der Alltagsrede, der Alltagskultur wie der Vortrags-, der Vorlese- und der Lesekultur, all dies bezogen auf Kinder im Vorschul- und unteren bis mittleren Schulalter. Einzelne Beiträge aus dem Bereich der Kinderliteraturwissenschaft wie der aus der Comicforschung überschreiten freilich den Phänomenbereich des Geschichtenerzählens in Richtung auf spezifisch literarische Phänomene, wie sie in der Kinderliteratur bzw. den Comics zunehmend anzutreffen sind. – Den Anfang macht ein Beitrag aus der linguistischen Erzählforschung: *Dietrich Boueke* und *Frieder Schülein* begreifen das Erzählen als »Realisierung eines narrativen Schemas« und fragen danach, in welcher Stufenfolge sich bei Kindern dieses narrative Schema aufbaut, in welcher gesetzmäßigen Abfolge von ihnen die Erzählkompetenz erworben wird. Nach dieser Grundlagenforschung zum Erzählerwerb wendet sich der Beitrag von *Helmut Fischer* der »kindlichen Erzählwirklichkeit«, dem unter Kinder grassierenden Erzählgut zu, das aus Rätseln, Scherzfragen, Witzen und Sagen besteht; es handelt sich um einen volkskundlichen Beitrag zur Erforschung der aktuellen Kinderfolklore. Die Studie von *Kristin Wardetzky* argumentiert im wesentlichen rezeptionspsychologisch: Auch sie bezieht sich auf die kindliche Erzählwirklichkeit – auf die von Kindern der zweiten bis vierten Klasse –, begreift diese aber als in weitreichendem Maße präformiert bzw. vorstrukturiert durch ein poetisches bzw. literarisches Muster, das nämlich des Märchens. Zwei Aspekte werden verfolgt: zum einen die geschlechtsspezifische Ausprägung der kindlichen Erzählwirklichkeit, zum anderen die Auswirkungen dieser »frühen Prägung« der kindlichen Erzählkompetenz durch das geschlechtsspezifisch differenzierte Märchenmuster auf das spätere Rezeptionsverhalten des Erwachsenen. Letzteres führt bereits hinüber in die in jüngster Zeit verstärkt betriebene Lektüre- bzw. Leserbiographieforschung. Der Beitrag von *Johannes Merkel*, der Theoretiker und Praktiker, Wissenschaftler und professioneller Erzähler in einer Person ist, befaßt sich mit dem freien mündlichen Erzählen vor Kindergruppen bzw. vor einem kindlichen Publikum in verschiedenen institutionellen Zusammenhängen (Kindergarten, Schule, außerschulische Kulturbereiche). Seine kommunikationswissenschaftliche Studie sucht die nur dieser Kommunikationsform eigene Resonanz zwischen »Sender« und »Empfänger«, die nur hier zu beobachtende unterschwellige und tiefreichende Abstimmung der Kommunikationspartner aufeinander herauszuarbeiten und von der starren, weitgehend abstimmungsunfähigen Medienkommunikation abzusetzen.

Die ersten zwei Beiträge aus dem Feld der Kinderliteraturwissenschaft beziehen sich auf die Teilbereiche bzw. Aspekte der erzählenden Kinderliteratur, in denen bzw. durch die sie sich als dem althergebrachten Geschichtenerzählen verwandt, als Erzählliteratur im engeren Sinne des Wortes erweist. Der durch Walter Benjamins Erzähler-Essay von 1936 inspirierte Beitrag von *Hans-Heino Ewers* zielt vornehmlich auf formgeschichtliche Aspekte: Strukturell gesehen bleibt, so die These, die bürgerliche Kinderliteratur seit dem ausgehenden 18. Jahrhundert dem vormodernen Erzählen verhaftet und steht noch als Schriftliteratur der Mündlichkeit wie der Lehrhaftigkeit des alten Erzählguts nahe. Archaische Elemente in der erzählenden Kinderliteratur will auch der Beitrag von *Gundel Mattenklott* aufspüren. Ihr geht es um die Herausschälung dreier grundlegender Kindheitsmythen, die, seit der Antike belegt, in Kindergeschichten und -erzählungen des 19. und 20. Jahrhunderts immer wieder aufgegriffen und neugestaltet werden. Daß die erzählende Kinderliteratur der jüngsten Vergangenheit und der Gegenwart mehr und mehr die Gestaltungsweisen der modernen Erwachsenenprosa aufnimmt und sich zu letzterer durchaus in einer gewissen Parallelität entwickelt, kann man dem Beitrag von *Karin Richter* entnehmen. Ihre dichte Analyse des Strukturwandels des Kinderromans der DDR von den 50er/60er bis in die 80er Jahre darf man durchaus als exemplarisch ansehen; wer mit der Entwicklung des westlichen deutschen Kinderromans auch nur einigermaßen vertraut ist, wird unschwer Vergleichbares entdecken. Wie die Kinderliteratur zwischen Archaischem und Modernem, altem Geschichtenerzählen und diffiziler Literarizität steht, wird noch einmal, und zwar am Beispiel der Kinderliteratur einiger Länder der Dritten Welt, in dem Beitrag von *Jürgen Martini* deutlich. Seine Darlegungen vornehmlich zur Kinder- und Jugendliteratur Nigerias zeigen, wie sich kinderliterarische Entwicklungsverläufe, wie sie aus Ländern der Ersten Welt bekannt sind, beschleunigt in solchen der Dritten Welt wiederholen. Von einem Entwicklungsschub hin zu diffiziler Modernität, und zwar auf dem Feld des Comics, handelt abschließend der Beitrag von *Bernd Dolle-Weinkauff*. Verzeichnet wird der Einbruch subjektiven und mehrperspektivischen Erzählens in eine Text-Bild-Gattung, für die bislang einfacher strukturiertes Geschichtenerzählen maßgeblich war.

Sämtliche der hier abgedruckten Beiträge gehen auf Vorträge zurück, die auf verschiedenen Jahrestagungen der »Arbeitsgemeinschaft Kinder- und Jugendliteraturforschung«, überwiegend auf der des Jahres 1990, gehalten wurden.

Dietrich Boueke/Frieder Schülein

# Kindliches Erzählen als Realisierung eines narrativen Schemas

Dieser Beitrag geht auf Arbeiten innerhalb eines DFG-Projektes zurück, in dem wir Erzählungen 5-, 7- und 9jähriger Kinder untersuchen, die wir anhand von Bildergeschichten elizitiert haben (zur Datengewinnung vgl. genauer Boueke 1990). Das Ziel des Projektes ist es, auf der Basis dieser Untersuchungen ein »Profil« der Erzählfähigkeit der Kinder dieser drei Altersgruppen zu entwerfen und die zwischen den drei Altersstufen zu beobachtenden Unterschiede präzise zu formulieren. Über diesen deskriptiven Rahmen hinaus geht es in diesem Projekt auch darum, Ansätze zur Erklärung der beobachteten Unterschiede zu formulieren, d.h. die der Entwicklung der Erzählfähigkeit zugrunde liegende »Logik« aufzudecken und den »Mechanismus« zu rekonstruieren, der diese Entwicklung in Gang setzt und in Gang hält.

Eine der wichtigsten Voraussetzungen für die Durchführung dieses Forschungsprogramms ist die Beantwortung der Frage, welches Instrument zur Analyse der von uns zu untersuchenden und zu vergleichenden Erzähltexte geeignet ist. Wir haben diese Frage beantwortet, indem wir – unter Rückgriff auf die neuere linguistische und psycholinguistische Erzählforschung und in Auseinandersetzung mit ihr – ein erzähltheoretisches Modell entwickelt haben, das die für Erzähltexte der von uns untersuchten Art konstitutiven Komponenten enthält und ihre Beziehungen zueinander sichtbar macht. Die Präsentation eben dieses Modells und die Demonstration seiner Anwendung auf kindliche Erzähltexte bilden das eigentliche Thema dieses Beitrags.

Diese im Rahmen eines Aufsatzes unvermeidliche Beschränkung auf eine spezielle Thematik schließt eine Diskussion aus, die für einen Sammelband wie den vorliegenden, der sowohl Beiträge zum kindlichen Erzählen wie zur erzählenden Kinderliteratur enthält, eigentlich besonders interessant wäre: Die Diskussion des Einflusses, den die Kinderliteratur auf die Entwicklung der kindlichen Erzählfähigkeit ausübt. Der Gedanke, daß es einen derartigen Einfluß gibt, ist derart einleuchtend, daß man geneigt ist, einen solchen Zusammenhang als selbstverständlich vorauszusetzen. Das gilt umso mehr, wenn der Erzählbegriff, der an sich ein breites Spektrum von Darstellungsformen umfaßt, auf das Erzählen einer »Geschichte« reduziert wird, wie es in unserem Projekt geschieht. (Unsere Vorstellungen vom Erzählen einer Geschichte in einer alltäglichen Kommunikationssituation werden im folgenden Abschnitt noch genauer erläutert.) Denn in der Tat bestehen zwischen dem literarischen und dem alltäglichen Erzählen von Geschichten in ganz wesentlichen Punkten Übereinstimmungen: Hier wie dort geht es um die Darstellung eines »besonderen« – und eben darum erzählenswerten – Geschehens, um den Versuch, den Hörer bzw. Leser emotional in die erzählten Ereignisse einzubeziehen, um die Gewinnung seiner ungeteilten Aufmerksamkeit durch eine »Dramatisierung« der dargestellten Vorgänge usw.

So gesehen ist es sehr wahrscheinlich, daß die literarischen Erzähl-Muster in der narrativen Sozialisation der Kinder als Modelle wirksam sind. – Da eine gelungene Erzählung einer Geschichte im Rahmen einer alltäglichen Interaktion Merkmale aufweist, die sie mit einer »literarischen« Erzählung vergleichbar machen, erwarten in unserer Gesellschaft viele Eltern von ihren Kindern, daß deren Erzählungen im Laufe der Zeit ebenfalls solche Eigenschaften aufweisen. Und aus demselben Grund ist im schulischen Erzählunterricht immer wieder das Bemühen spürbar, die kindliche Erzählweise nach dem Muster literarischer Erzählungen zu modellieren.

Trotz des Interesses, das die Frage nach der Bedeutung der Kinderliteratur für die Entwicklung einer »Erzählkompetenz«

aus diesen und weiteren Gründen also ganz offensichtlich beanspruchen könnte, müssen wir sie im folgenden außer Betracht lassen, um genügend Raum für die Ausarbeitung unserer eingangs skizzierten Thematik zu haben. Wir gehen dabei so vor, daß wir zunächst unseren Begriff von »Erzählen« genauer entwickeln und im Anschluß daran ein Modell für den so bestimmten Typus von »Erzählen« vorstellen. Im dritten Teil werden wir dann versuchen, die Adäquatheit unseres erzähltheoretischen Modells im Blick auf die von uns untersuchten Kindererzählungen nachzuweisen. Dabei wird zugleich deutlich werden, daß »Erzählen« als Realisierung des in diesem Modell enthaltenen »Erzählschemas« beschrieben und dementsprechend die Entwicklung der Erzählfähigkeit als Entwicklung eben dieses Schemas interpretiert werden kann.

## 1. Erzähltheoretische Vorüberlegungen

### 1.1 Eingrenzung des Erzählbegriffs

Das Erzählen ist traditionellerweise eine Domäne der Literaturwissenschaft, die auf diesem Gebiet eine nahezu unüberschaubare Fülle von Beobachtungen zusammengetragen hat. Der umfangreiche Sammelband von Eberhard Lämmert von 1982, der die neue literaturwissenschaftliche Erzählforschung dokumentiert, enthält aber auch einige linguistische Beiträge, und in der Tat ist spätestens seit den 70er Jahren auch in der Linguistik ein lebendiges Interesse an Erzählungen zu beobachten.

Eine der zentralen Fragestellungen der Linguistik im Blick auf das Thema »Erzählen« gilt den spezifischen Merkmalen dieser Diskursform in Abgrenzung von anderen Formen der Sachverhaltsdarstellung (vgl. dazu auch etwa Rehbein 1984). Zugleich mit dieser Abgrenzung bemüht sich die Linguistik, auch innerhalb der Diskursform »Erzählen« Differenzierungen vorzunehmen (vgl. z.B. Ehlich 1983). Dabei werden nicht nur das »literarische« und das »alltägliche« Erzählen einander gegenübergestellt – die Linguistik befaßt sich gegenwärtig nahezu ausschließlich mit dem letzteren –, sondern es wird auch innerhalb des »alltäglichen« Erzählens zwischen zwei Varianten unterschieden. Auf der einen Seite steht eine – im Alltag besonders verbreitete – Spielart des Erzählens, die man als primär »informativ« charakterisieren kann, auf der anderen Seite geht es um »unterhaltsames« Erzählen. So wird ein Familienmitglied, das den halben oder ganzen Tag über in der Schule oder am Arbeitsplatz war, ebenso aufgefordert zu »erzählen«, wie »es gewesen« sei, wie jemand, der von sich aus erklärt, er habe »kürzlich etwas Tolles erlebt«. Im ersten Fall ist »erzählen« im alltäglichen Sprachgebrauch gleichbedeutend mit »berichten«, »beschreiben«, »darstellen« usw., hat also eine vor allem informative Funktion. Im zweiten Fall geht es dagegen um die sprachliche Rekonstruktion eines besonderen Ereignisses im Rahmen einer interessanten, spannenden, lustigen »Geschichte«. Die Funktion der Darstellung ist hier eher als »emotiv« zu bezeichnen und besteht dementsprechend in der Hauptsache darin, zu unterhalten, Spannung zu erzeugen, die Zuhörer in ein aufregendes Geschehen einzubeziehen usw.

Um eben diese Spielart von »Erzählen« geht es in dem Projekt, von dem hier die Rede ist: Im Unterschied zu dem breiteren Verständnis von »Erzählen«, das auch das bloße Mitteilen, Berichten usw. einschließt, ist unser Untersuchungsgegenstand ausschließlich das Erzählen einer »Geschichte«.

Im Blick auf diesen Gegenstand ist eine weitere Einschränkung für unsere Untersuchung wichtig, und zwar betrifft sie die »konversationellen Rahmenbedingungen« des Erzählens: Damit eine Geschichte erfolgreich erzählt werden kann, muß der Erzähler u.a. auch imstande sein, den geeigneten Moment zum Erzählen zu erkennen und seine Geschichte so in einen Interaktionszusammenhang zu »plazieren«, daß er gehört wird – d.h. er muß z.B. beurteilen, ob seine Zuhörer überhaupt in der Stimmung sind, sich auf seine Geschichte einzulassen. Obwohl diese Rahmenbedingungen für das Erzählen einer Geschichte außerordentlich wichtig sind, werden sie in unserer

Untersuchung ausgeblendet, und zwar zugunsten derjenigen Bedingungen, die für das Zustandekommen der Geschichte selber konstitutiv sind.

Dazu gehören z.b. solche Bedingungen wie die, daß der Erzähler den Sachverhalt, von dem seine Geschichte handelt, möglichst gut kennt oder daß er in der Lage ist, ihn sprachlich so zu präsentieren, daß man ihm gern zuhört. Im Zentrum der für erfolgreiches Erzählen notwendigen Voraussetzungen stehen aber zwei andere Bedingungen: Zum einen muß die erzählte Geschichte von einem Ereignis handeln (es können auch mehrere sein), das sowohl aus der Sicht des Erzählers wie aus der des Zuhörers als »erzählenswert« gelten kann, und zwar insofern, als es »gewissen Minimalbedingungen von Ungewöhnlichkeit« erfüllt (Quasthoff 1980, S. 27). Daß dieses Kriterium tatsächlich konstitutiv für das Erzählen einer Geschichte ist, kann man im Alltag jederzeit leicht überprüfen: Das Fehlen eines ungewöhnlichen Ereignisses führt unweigerlich zu befremdeten Reaktionen der Zuhörer. Im übrigen ist die Inanspruchnahme eines temporär exklusiven Rederechts durch den Erzähler vor allem in diesem Merkmal seiner Geschichte begründet und deshalb verwirkt, wenn sie es nicht aufweist. – Von ähnlich zentraler Bedeutung ist eine zweite Forderung, die an den Erzähler einer Geschichte zu richten ist: Er muß das »erzählenswerte« Ereignis, um das es in seiner Geschichte geht, so in einen übergreifenden Kontext einbetten, daß seine Darstellung für den Zuhörer als unverwechselbar narrative Darstellung erkennbar, d.h. von Darstellungsformen wie dem Berichten, dem Beschreiben, dem bloßen Mitteilen usw. unterscheidbar wird.

Um diesen Forderungen entsprechen zu können, muß der Erzähler über solche Fähigkeiten verfügen wie die, ein Ereignis als ein »besonderes« und »erzählenswertes« beurteilen zu können, er muß dabei auch vom Zuhörer her denken und sich in dessen Erwartungen, Annahmen, Vorwissen hineinversetzen können usw. Systematisiert man diese Fähigkeiten, die insgesamt die komplexe Fähigkeit ausmachen, eine »Geschichte« zu erzählen, so lassen sich drei »Teilfähigkeiten« oder »Wissensbereiche« unterscheiden: Die Fähigkeit, eine »Geschichte« zu erzählen, beruht auf dem Zusammenwirken von Interaktionswissen, Weltwissen und sprachlichem Wissen. Diese drei Wissensbereiche sollen im folgenden genauer erläutert werden.

## 1.2 Erzählfähigkeit als Komplex von »Teilfähigkeiten«

*Interaktionswissen* oder *interaktive Kompetenz* braucht der Erzähler, um die Interessen und Erwartungen seines Zuhörers antizipieren und um entscheiden zu können, ob das zu erzählende Geschehen auch für diesen »erzählenswert« ist und wie es auf ihn wirken wird. Er braucht solche Fähigkeiten aber auch, um einschätzen zu können, über welches »Weltwissen« der Zuhörer verfügt, d.h., der Erzähler muß sich kognitiv in sein Gegenüber hineindenken. Er muß darüber hinaus seine Geschichte so anlegen, daß sie dem Zuhörer zunächst einmal einen Vorstellungsraum eröffnet, d.h. ihn mit den handelnden Personen bekannt macht und ihn in Ort und Zeit des Geschehens einführt.

Wer erzählen will, muß aber natürlich auch in der Lage sein, Ereignisse, Vorgänge, Handlungen zu identifizieren und zu verstehen, die zwischen ihnen bestehenden temporalen und kausalen Zusammenhänge zu durchschauen, innerhalb der Fülle von Ereignissen dasjenige wahrzunehmen, das wegen seiner Ungewöhnlichkeit und Besonderheit »aus dem Rahmen fällt« und deshalb als Kandidat für eine »Geschichte« gelten kann usw. Das »Weltwissen«, das dazu gehört, erstreckt sich auch auf die Absichten und Pläne der in der Erzählung vorkommenden Personen, auf die Hoffnungen, die sie damit verbinden und die Enttäuschungen, die sie empfinden, wenn ihre Intentionen durchkreuzt werden. Welches *Weltwissen* und welche *kognitiven Fähigkeiten* im einzelnen erforderlich sind, ist vor allem vom jeweiligen Inhalt der Erzählung abhängig: Wer z.B. von einem Verkehrsunfall erzählen will, sollte Einsicht in die für den Straßenverkehr maßgeblichen Regeln und in die Umstände haben, die zu dem Unfall geführt haben. Schließlich muß der Erzähler über *sprachliches Wissen* und *sprachliche Fähigkeiten* verfügen, um seine Geschichte übermitteln zu können. Dieser Gesichtspunkt erscheint trivial, solange man als sprachliches Wissen nur das Verfügen über einen hinreichenden Wortschatz und eine genügend ausgebaute Syntax versteht. Komplizierter liegen die Dinge aber schon im Blick darauf, daß eine Erzählung natürlich auch die Fähigkeit voraussetzt, einzelne Äußerungen zu einem kohärenten Ganzen zu verknüpfen. Dazu kommen die sprachlichen Signale, die der Erzähler setzen muß, um das erzählte Geschehen so zu gestalten, daß das Zuhören zu einem unterhaltsamen und spannenden Vergnügen wird – er muß die besonders wichtigen Ereignisse oder Handlungen sprachlich als solche »markieren« und so für den Zuhörer kenntlich machen. – Zum sprachlichen Wissen des Erzählers gehört nicht zuletzt auch ein Wissen um die für eine Erzählung charakteristische Textstruktur. Für den Erzähler ist die Wahl der »Textsorte« keineswegs beliebig, vielmehr muß er, will er mit seiner Erzählung Erfolg haben, die für eben diese Textsorte spezifischen Merkmale berücksichtigen, und zwar so, daß sein Text für den Zuhörer unverwechselbar als narrativer Text zu identifizieren ist.

Diese Unterscheidung dreier »Teilfähigkeiten« oder »Wissensbereiche« innerhalb der komplexen Erzählfähigkeit ist natürlich eine analytische. Tatsächlich wirken alle diese Wissensbereiche in der Praxis zusammen und sind untrennbar miteinander verbunden. Dennoch ist eine derartige Unterscheidung für eine Analyse der Erzählfähigkeit und für eine Untersuchung ihrer Entwicklung unverzichtbar: Fragen wie die nach ihrem jeweiligen Anteil an der Erzählfähigkeit und nach der Art und Weise ihres Zusammenwirkens können anders nicht formuliert und diskutiert werden.

Bevor dazu etwas gesagt wird – wozu im Rahmen dieses Aufsatzes nur wenig Raum bleibt – ist zunächst die Frage zu erörtern, wie die »Geschichte« im einzelnen beschaffen ist, die ein Erzähler präsentiert, aus welchen Elementen sie sich zusammensetzt und wie diese miteinander in Beziehung stehen. Damit sind wir beim Thema dieses Aufsatzes, in dem es um eben diese strukturellen Aspekte des Erzählens geht. Die These, die wir im Blick darauf vertreten, kann man vorwegnehmend etwa so zusammenfassen: Die komplexe Handlung »erzählen« (im Sinne von »eine Geschichte erzählen«) erfolgt anhand eines hierarchisch organisierten Schemas. Ähnlich wie bei solchen Handlungen wie »ein Auto fahren«, »eine Wegauskunft geben«, »einen Witz erzählen«, »Personen miteinander bekannt machen« usw. muß derjenige, der erzählt, nicht jedes Mal neu entscheiden, wie er im einzelnen vorzugehen hat, sondern kann (vorausgesetzt, es handelt sich um einen »erfahrenen« Erzähler) auf ein Schema zurückgreifen. Die Frage nach dem Erwerb der Fähigkeit, »eine Geschichte zu erzählen«, wird damit zur Frage nach dem Erwerb des spezifischen Schemas, das diese Fähigkeit konstituiert, d.h. des »Erzählschemas« oder »narrativen Schemas«.

Im folgenden entwickeln wir ein Modell eines solchen »narrativen Schemas«, und zwar unter Rückgriff auf vergleichbare Ansätze der Erzählforschung.

## 2. Narrative Strukturmodelle

### 2.1 Zur Forschungstradition

Die Vorstellung, daß das Erzählen einer Geschichte einem bestimmten formalen Muster von Geschehensabläufen folgt, ist bereits in der antiken Rhetorik nachweisbar. Auch wenn die globalen »partes narrationis« mit den Elementen »Anfang«, »Mitte« und »Schluß« bloß formal sind, ist die inhaltliche Ausgestaltung dieser globalen Strukturelemente – insbesondere hinsichtlich der »topoi« der Ausgestaltung – auch heute noch interessant.

Neuere narrative Strukturmodelle entstanden – angestoßen durch die aus den 20er Jahren stammenden Untersuchungen W. Propps über die russischen Volksmärchen – vor allem im

Rahmen der Untersuchungen zu »einfachen« literarischen Erzählungen, die die französischen Strukturalisten Bremond und Todorov angestellt haben (vgl. dazu Gülich/Raible 1977). Hierbei wurden Strukturelemente und ihre Konfigurationen in typischen Handlungsabläufen – z.b. im Rahmen der Boccaccio-Novellen – beschrieben, wobei die Idee, solchen Texten lägen abstrakte Strukturen zugrunde, immer weiter entwickelt wurde.

Im Gegensatz zu den französischen Strukturalisten untersuchten die amerikanischen Soziolinguisten Labov und Waletzky keine literarischen, sondern »Alltagserzählungen«, in denen Erzähler biographische Erfahrung repräsentierten. Auch sie versuchten, in diesen Erzählungen »zugrundeliegende Strukturen« zu entdecken. In ihrer wichtigen Untersuchung von 1967 sind die Strukturelemente »Orientierung«, »Komplikation«, »Evaluation« und »Auflösung« herausgearbeitet worden, die in der linguistischen Erzählforschung große Bedeutung erlangt haben. Insbesondere für die in den beiden Sammelbänden von Ehlich (1980 und 1984) vorgelegten deutschen Arbeiten ist das »Labov-Waletzky-Modell« grundlegend geworden.

Aber auch in dem textlinguistischen Ansatz von van Dijk (1980) sind Elemente dieses Modells enthalten: van Dijks Konzeption einer für narrative Texte geltenden »Superstruktur« mit Kategorien wie »Rahmen«, »Evaluation«, »Komplikation« usw. macht dies hinreichend deutlich. Van Dijk unternimmt jedoch durch eine – im Gegensatz zum linearen Labov-Waletzky-Modell – hierarchische Anordnung der verschiedenen Kategorien (im Sinne der Relation des »Enthalten-Seins«, wie sie der Konstituentenstrukturgrammatik zugrunde liegt) den weiterführenden Versuch, eine Text-Grammatik zu konstruieren, und stellt so eine Beziehung zu den kognitionspsychologischen Forschungen in den USA her. Dort wurde die Organisation des Wissens über Ereignisse in Form von Episodenschemata abgebildet, was dazu führte, daß einfache narrative Ereignisdarstellungen zu einem prominenten Forschungsgegenstand der Kognitionspsychologie wurden.

Diese Ansätze führten, wie gleich genauer zu zeigen sein wird, zur Formulierung sogenannter »story grammars«, die den Versuch unternahmen, die den narrativen Texten zugrundeliegenden kognitiven Strukturen abzubilden. Die dabei leitende Hypothese ist die, daß die Leser bzw. Hörer eines Textes die vielen Informationen, die sie zu verarbeiten haben, zu größeren Informationseinheiten zusammenfassen. Diese bilden ihrerseits ein abstraktes Muster, das den Inhalt des Textes und die aus dem allgemeinen Weltwissen der Leser oder Hörer abgeleiteten Inferenzen zusammenfaßt. – Die »story grammars« machen damit den Versuch, über die Struktur der Erzähltexte hinaus an die im Kopf des Lesers bzw. Hörers – aber natürlich auch des Erzählers – befindlichen kognitiven Repräsentationen heranzukommen.

## 2.2 Der »Schema-Begriff« in der Erzählforschung

Die meisten der hierher gehörigen Ansätze gehen auf Überlegungen zurück, die schon 1932 von dem englischen Psychologen Bartlett in die Forschung eingeführt worden sind und die auch schon in der Wahrnehmungspsychologie der 20er Jahre gewisse Vorläufer haben: Wie diese operieren auch die neueren Ansätze mit dem Begriff des »Schemas« sowohl für Prozesse der Wahrnehmung als auch des Denkens. »Schemata« sind abstrahierende Muster zur Organisation des Wissens, die bei der Wahrnehmung von Ereignissen und bei der Organisation von Handlungen wirksam werden. Sie sind – anders gesagt – Repräsentationen unseres Wissens von Objekten und Ereignissen, aber auch von Ereignisfolgen und Handlungsabläufen (vgl. Rumelhart 1980). Eines der frühesten Beispiele für solche Schemata der Erfahrung und des Wissens ist das von den Amerikanern Schank und Abelson (1977) formulierte »Script« eines Restaurantbesuches, das deutlich macht, daß wir bei der Ausführung und dem Verstehen von Handlungen und bei deren wechselseitiger Abstimmung einer regelhaft verfestigten Erwartung folgen, die als schematisches Wissen beschrieben werden kann.

In der Darstellung und Diskussion schematheoretischer Ansätze von Mandl/Friedrich/Hron (1988) werden Schemata als »kognitive Strukturen« definiert, »in denen allgemeines Wissen im Gedächtnis repräsentiert ist« (S. 125). Das in Form von Schemata organisierte Wissen über »typische Zusammenhänge in einem Realitätsbereich« wird dort am Beispiel des Autos erläutert, von dem es heißt, daß »die meisten Menschen« über Vorstellungen darüber verfügen, wie »typischerweise ein Auto auszusehen« habe (ebd.). Das Auto-Schema dient den Autoren auch als Beispiel dafür, wie einfache Schemata in komplexere eingebettet sein können: »So ist das Auto-Schema seinerseits Bestandteil eines allgemeineren Verkehrs-Schemas. Das Auto-Schema setzt sich jedoch auch aus elementareren Schemata, zum Beispiel einem Armaturenbrett-, einem Steuerrad-Schema u.a. zusammen.« (ebd.).

Wenn es zutrifft, daß individuelles Wissen in Form hierarchisch strukturierter Schemata organisiert ist, dann liegt es nahe, dies auch für narratives Wissen anzunehmen. Eben das geschieht in der Wissenspsychologie und in der kognitionspsychologisch orientierten Linguistik denn auch, wobei sich einfache Erzähltexte als besonders geeignete Untersuchungsobjekte erwiesen haben. Solche Texte folgen danach einem hierarchisch strukturierten »Erzählschema«, in das z.B. Episoden- und Ereignis-Schemata eingebettet sind. – Die Wirksamkeit narrativer Schemata ist in zahlreichen empirischen Untersuchungen überprüft und nachgewiesen worden: Erzählungen, die z.B. eine im Sinne eines Schemas »falsche« Struktur aufweisen, werden vom Hörer entweder schlecht verstanden und behalten oder entsprechend dem Schema verändert (vgl. dazu z.B. Mandler/Johnson 1978; Stein/Glenn 1979; Hoppe-Graff/ Schöler/Schell 1980).

## 2.3 Erzählschemata als »story grammars«

Einen frühen Entwurf eines solchen narrativen Schemas stellt Rumelharts Modell einer »story grammar« dar (Rumelhart 1975). Es zeigt eine – ähnlich wie in strukturalistischen Satzstammbäumen – hierarchisch angeordnete Menge von Informationseinheiten, die durch Begriffe wie »story«, »setting«, »episode«, »event«, »change of state«, »reaction« gekennzeichnet werden. In anderen »story grammars« werden auf unterschiedlichen »Ebenen« der Struktur noch andere Einheiten eingeführt: z.b. bei Thorndyke (1977) die Kategorien »plot«, »theme«, »goal«, »resolution«, »outcome«, »result«, bei Stein/Glenn (1979) die Kategorien »initiating event«, »internal response« usw. Die Grundidee ist jedoch in allen diesen Ansätzen die gleiche. Im Modell von Mandler/Johnson (1978) wird darüber hinaus die Einbettung von Episoden modelliert, woraus sich die Möglichkeit ergibt, die Verkettung von episodischem Wissen über Ereignisse auf eine differenziertere Weise abzubilden, als dies in den Modellen ein-episodischer Geschichten möglich ist.

Die Kritik, die aus unterschiedlichen Gründen an diesen »story grammars« geübt worden ist, betont u.a., daß sie nicht wirklich narrationsspezifisch seien und nicht alle narrativen Sachverhaltsdarstellungen hinreichend exakt abbilden könnten (so z.b. Black/Wilensky 1979, de Beaugrande 1982, Quasthoff 1980, Hoppe-Graff/Schöler 1980). Dennoch bleibt der darin unternommene Versuch, die den narrativen Texten zugrundeliegenden kognitiven und sprachlichen Muster abzubilden, für die Erzählforschung außerordentlich interessant. Dies gilt insbesondere für die deutsche Forschung, in der bisher im wesentlichen nur Quasthoff versucht hat, mit dem Konzept der »story grammars« – wenn auch in kritischer Weiterentwicklung – empirisch und systematisch zu arbeiten. Sie schlägt in ihrem als »Relationsstruktur« konzipierten Schema einfacher alltäglicher Erzählungen vor, als zentrale semantische Relation einen »Kontrast« anzunehmen: Erzählungen erfüllen nur dann ihre interaktive Funktion, wenn der Erzähler eine spezifische Ereignismenge aus einer Menge normaler Ereignisverläufe heraushebt, weil sie für ihn und den Zuhörer von prominenter Bedeutung ist. Solche spezifischen Ereignisse, für deren Darstellung auch Quasthoff den Terminus »Komplikation« verwendet, stehen im Gegensatz zu normalerweise erwartbaren Ereignisabläufen, dem »normal course of events«.

## 2.4 Entwicklung eines eigenen »Erzählschemas«

Auf der Basis der »story grammars« und der »Relationsstruktur« und in Auseinandersetzung damit haben wir ein eigenes Modell entwickelt, das darüber hinaus auch durch die Aufnahme narrationsspezifischer Strukturelemente im Sinne von Labov/Waletzky (1976) und van Dijk (1980) gekennzeichnet ist. Es ist auf der nächsten Seite abgedruckt und soll im folgenden genauer erläutert werden.

Als oberste Strukturelemente, die also jeweils die größten Teilmengen von spezifischen Ereignissen umfassen, enthält das Modell die narrativen Konstituenten »Orientierung«, »Geschichte« und »Schluß«. »Orientierungen« enthalten in einfachen narrativen Texten in der Regel allgemeine Informationen über die vorkommenden Personen sowie über Ort und Zeit des Geschehens. Je nach den Annahmen des Erzählers über die Erzählsituation und die Zuhörer werden diese Informationen häufig nicht gegeben, sondern müssen vom Zuhörer inferiert werden. Gleiches gilt für den »Schluß«, in dem aus der eigentlichen Geschichte hinausführende Informationen und Bewertungen vorkommen, die die »Nachgeschichte« – in der Regel summierend und zustandsartig – wiedergeben.

Die »Geschichte« – das in den genannten Geschehenskontext eingebettete erzählte Geschehen – besteht aus drei größeren Ereigniskomplexen: einer »Exposition«, einer »Komplikation« und einer »Auflösung« (den Terminus »Exposition« benutzen wir in Anlehnung an van Dijk 1976). In der »Exposition« sind einmal die Anfangsbedingungen des spezifischen Ereignisablaufes zusammengefaßt, der mit den spezifi-

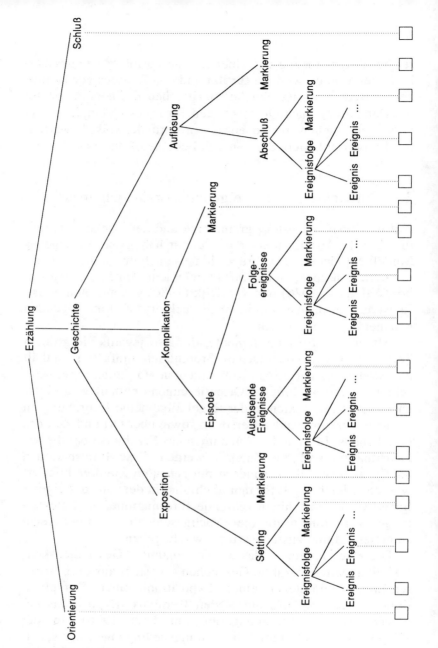

*Abb. 1: Erzählschema*

schen Aktanten und deren Handlungen, mit den spezifischen Orten und Zeitpunkten der Ereignisse die notwendigen Voraussetzungen für das weitere Geschehen enthält. Zum andern wird dort auch die affektive Qualität dieser Anfangsbedingungen ausgedrückt: Eine Geschichte fängt in der »Normalform« mit positiv konnotierten Ereignisabläufen an. – Die »Komplikation« stellt eine in sich zusammenhängende Folge von Ereignissen dar, durch welche der in der »Exposition« begonnene Ereignisablauf unterbrochen und in einer für die Handlungsträger der Geschichte negativen Weise verändert wird. Diese – emotional negativ »markierte« – Ereignisfolge mündet in dem dritten globalen Strukturelement – der »Auflösung« – in den durch affektive Entlastung gekennzeichneten – und dadurch ebenfalls entsprechend »markierten« – »Abschluß« des Geschehens ein. Somit enthält die zentrale Strukturkategorie der »Komplikation« diejenigen Ereignisse, die bei Labov/Waletzky, van Dijk und Quasthoff als »ungewöhnlich« und gegenüber den Anfangsereignissen als »erwartungswidrig« betrachtet werden. Die affektiven Qualifizierungen der Ereignisse in diesen drei globalen Konstituenten und die entsprechenden sprachlichen Ausdrucksformen bezeichnen wir als »narrative Markierungen«.

Ist die jeweilige affektive Qualität der globalen Ereigniskomplexe *nicht* »markiert«, liegt keine »Erzählung«, sondern eine andere Art von Sachverhaltsdarstellung – z.B. ein Bericht oder eine Beschreibung – vor. In diesem Fall ist die Darstellung gegliedert in »Setting«, »Episode« und »Abschluß«.

Zwischen den Ereigniskomplexen des »Settings« und der »Episode« besteht die Relation eines »Kontrastes«: Die Ereignisse der Episode folgen nicht konsequent aus den Ereignissen des »Settings«, sondern werden im Gegenteil als neue Ereignisabläufe eingeführt und so als episodischer Ereignisstrang davon abgehoben. Für das zentrale Strukturelement der »Episode« sind daher »auslösende Ereignisse« und die sich daraus ergebenden »Folgeereignisse« konstitutiv. Ihnen folgt der »Abschluß«, in dem meist eine Rückbindung der in der »Episode« enthaltenen Ereignisse an das »Setting« geleistet wird.

Die Segmentierung des »Settings«, der »Episode« und des »Abschlusses« geschieht ebenfalls durch »Markierungen«. Auf dieser Ebene handelt es sich aber – im Gegensatz zu den oben beschriebenen – um »Markierungen« mit reiner Strukturierungsfunktion. Am deutlichsten wird diese Art der »Markierung« durch die Verwendung adversativer Konnektoren vor der Darstellung des »auslösenden Ereignisses«, z.B. in Form von »aber« oder »aber dann«. (Zur Gliederung narrativer Ereignisabläufe vgl. auch – allerdings aus textlinguistischer Sicht – Gülich 1976.)

»Unterhalb« dieser Ebene erscheint das erzählte Geschehen in Form einer Kette von aufeinander folgenden Ereignissen, die meist durch temporale Relationen zu »Ereignisfolgen« verbunden sein können, aber keine globale Strukturierung aufweisen. Dementsprechend gibt es hier keine Segmente und auch keine Segment-Markierungen mehr, die die Aneinanderreihung der Ereignisse »unterbrechen« oder verändern könnten.

An der Basis des Schemas werden die »Ereignisse« in Form von einfachen »Propositionen« repräsentiert (dafür stehen die Kästchen), die den semantischen »Gehalt« der Sätze und Teilsätze beschreiben, die ihrerseits wiederum der sprachlichen Realisierung der Ereignisse zugrunde liegen.

Ein anhand dieses Schemas produzierter Erzähltext realisiert – idealtypisch gesehen – alle beschriebenen Elemente des narrativen Schemas. Tatsächlich gibt es für den Erzähler aber natürlich auch die Möglichkeit des Abweichens – im Sinne einer Variation des Schemas, wodurch seine Erzählung u.U. sogar ästhetisch besonders reizvoll erscheinen kann. Dieser Frage gehen wir hier aber nicht nach. Ebensowenig einer anderen, die sich aus der obigen Erläuterung des Erzählschemas an sich aufdrängt, nämlich wie dieses Schema im Prozeß der Produktion von Erzähltexten »funktioniert«, d.h. inwiefern es geeignet ist, den Vorgang der Produktion eines Erzähltextes zu steuern bzw. an dieser Steuerung mitzuwirken – diese Frage kann nur im Kontext einer Theorie der Textproduktion diskutiert werden.

## 2.5 Ergebnisse

Unsere Überlegungen zum Erzählen einer »Geschichte« haben gezeigt, daß das Wissen um die interaktiven Bedingungen des Erzählens als Form sozialer Kommunikation, das Wissen über Ereignisse und ihre Beziehungen zueinander und schließlich das Wissen darüber, wie diese Ereignisse und Ereigniszusammenhänge sprachlich dargestellt werden können, die Komponenten »narrativen Wissens« bilden. Deutlich geworden ist auch, daß und wie dieses »narrative Wissen« in einem Schema abgebildet werden kann, das die für eine »Geschichte« konstitutiven Merkmale enthält. Ereignisse, Vorgänge, Handlungen sind – auch das zeigt dieses Schema – nur dann Kandidaten für eine narrative Darstellung, wenn es sich dabei nicht um beliebige Ereignisse und Ereignisfolgen handelt, sondern um solche, die »episodisch« aus dem Rahmen des Alltäglichen, Erwartbaren, immer schon Gewußten herausfallen. – Bisher noch nicht eigens betont worden ist ein Merkmal, das dieses Schema mit allen Wissensschemata gemeinsam hat: Es bildet keine bestimmten, sondern »mögliche« Ereignisse und ihre Beziehung zueinander ab. In diesem Sinne kann man sagen, daß es ein Muster für narrative Ereignisfolgen und ihre Darstellung in einer »Geschichte« überhaupt ist.

Im folgenden Abschnitt soll nun, wie in der Einleitung angekündigt, gezeigt werden, daß der von uns für die Untersuchung kindlicher Erzähltexte gewählte schematheoretische Ansatz für solche Untersuchungen tatsächlich hervorragend geeignet ist: Man kann anhand des als »Analyseinstrument« fungierenden Schemas in jedem Einzelfall genau überprüfen, in welchem Umfang ein Text die Konstituenten des narrativen Schemas erkennen läßt. Aus dieser Untersuchung ergibt sich dann die Möglichkeit, Rückschlüsse auf die Erzählfähigkeit des betreffenden Kindes zu ziehen, das den jeweiligen Text erzählt hat. – Es sei allerdings zugestanden, daß dieser Schluß vom Erzähltext als dem »Produkt« auf die diesem zugrunde liegende Erzählfähigkeit des »Produzenten« methodisch nicht unbedenklich ist und einer sorgfältigen Absicherung bedarf.

## 3. Anwendung des »Erzählschemas« auf Erzähltexte von Kindern

Die Anwendung des Erzählschemas auf Kindererzählungen kann sich im Zusammenhang dieses Aufsatzes nur auf einige Beispiele beziehen, und zwar haben wir aus den drei von uns untersuchten Altersstufen vier Texte ausgewählt. – Es handelte sich bei unseren Versuchspersonen um Kinder im Alter von 5, 7 und 9 Jahren, d.h. um solche, die sich am Ende der Vorschulzeit und kurz vor der Einschulung befanden sowie um Kinder aus der Mitte und vom Ende der Grundschulzeit. Zu unserer Datenerhebung, die an anderer Stelle genauer erläutert worden ist (vgl. Boueke 1990, S. 241ff.), sei hier nur soviel gesagt, daß wir dabei von einem quasi-experimentellen Design Gebrauch gemacht haben: Um zu vergleichbaren Erzähltexten zu kommen, haben wir den Kindern, die an der Datenerhebung beteiligt waren, Bildergeschichten vorgelegt, und zwar aus der Serie »Der kleine Herr Jakob« von Hans Jürgen Press (Otto Maier Verlag Ravensburg 1981). Die folgenden Texte wurden mit der Geschichte »Gemeinsamer Weg« elizitiert, deren vier Bilder wir den Kindern entgegen der Abfolge bei Press (die in der folgenden Abbildung beibehalten worden ist) in einer horizontalen Anordnung vorgelegt haben.

Zu diesen Bildern haben Sabrina, Jasmin, Paul und Katrin die folgenden Geschichten erzählt:

*Sabrina* (Kindergarten 5; 8): ..., Hmm . da fuhrn se zusammen so durcheinander da fuhrn se gerade und da war der Reifen auf einmal kaputt und da fuhrn se alle zusammen da sind se umgekippt.

*Jasmin* (2. Schuljahr 7; 12): Jakob hm fährt Fahrrad und ein Mann auch... und da kommt von einem Weg so... von einem andern Weg... und dann stoßen die beiden zusammen... und dann schimpft der Mann mit Jakob... und dann repariert Jakob das Fahrrad von dem Mann... und seins auch... und dann fahrn se wieder.

Abb. 2 (aus: Hans Jürgen Press: *Der kleine Herr Jakob*. Otto Maier Verlag, Ravensburg 1981, S. 61)

*Paul* (2. Schuljahr 7; 9): Also der kleine Jakob fährt miten Fah Fahrrad . und hm fährt auf ne Gabelung zu... und dann . hm . kommt auf der anderen Fahrbahn nochen Fahrrad . und dann . hm . fa und dann . passen se nich auf und . hm... und baun nen Unfall und dann... schimpft der andere und dann hat . hat der klei kleine Jakob so... von ihm das Fahrrad ist noch heile nur von dem anderen da ist das Vorderrad verbogen . und dann . schraubt er . das Vorderrad von dem andern ab . ähm hm . schraubt das zum Tandem zusammen.

*Katrin* (4. Schuljahr 9; 11): Also der kleine Herr Jakob . macht seine Sonntagsspazierfahrt und dann ähm achtet er gar nich auf die andern Menschen und da kommt einer ein anderer Radfahrer . ausse ausm Seitenweg dann stoßen die beiden zusammen und dann ma... schimpft der eine den andern aus und sagt warum bist du mir reingefahren du hättest doch gucken müssen und da schimpft Herr Jakob der kleine Herr Jakob natürlich auch und dann ähm . bauen die zusammen dann . ein Fahrrad ganz heile aus . den . andern Fahrrad da machen sie . ein nu ein das Vorderteil da bauen sie nämlich ein Tandem daraus und dann fahrn sie beide . gleichzeitig weiter damit.

## 3.1 Beschreibung und Analyse dieser Erzähltexte

*Sabrinas* Erzählung (Kindergarten) ist gekennzeichnet durch eine Aneinanderreihung einzelner Ereignisse der Bilderfolge, wobei die von der Erzählerin getroffene Auswahl zeigt, daß der Zusammenhang der Ereignisse nicht erkannt wurde. Zwischen den Ereignissen werden keinerlei temporale, kausale oder intentionale Relationen etabliert, die deutlich machen, daß für Sabrina z.B. das »Umkippen« die logische Folge des »kaputten Reifens« darstellt. Die Konstruktion des Ablaufschemas gelingt nicht, und damit auch keine weitere narrative Strukturierung, obwohl auf der sprachlichen Oberfläche ein Ereignis (der »kaputte Reifen«), das die zentrale »Episode« eröffnen könnte, »markiert« wird: »auf einmal«. Da aber kein logischer und temporaler Ablauf konstruiert worden ist, kann diese »Markierung« nicht funktional eingesetzt werden, um die »Wendung« im Gang der Ereignisse deutlich zu machen. – Insgesamt ist der Text durch eine Aneinanderreihung einzelner Ereignisse gekennzeichnet, d.h. die Darstellung kommt über die »unterste« Ebene des Schemas nicht hinaus, sondern realisiert im wesentlichen nur die dieser entsprechenden einzelnen, miteinander allenfalls lose in Verbindung stehenden und insofern »isolierten« Ereignisse.

*Jasmins* Text (2. Schuljahr) zeigt eine Verkettung der einzelnen Ereignisse zu einer linearen Reihe, deren Elemente aus unmarkierten »Ereignisfolgen« bestehen (vgl. die – von unten gesehen – zweite Ebene des Schemas): Ein Ereignis wird linear an das andere gereiht und auf der sprachlichen Oberfläche mit Hilfe der temporalen Konjunktion »und dann« verknüpft. Diese Linearisierung zeigt sich schon gleich zu Anfang des Textes, wo die Erzählerin zwar eine »Ereignisfolge« herstellt, diese aber nicht in einem handlungslogischen Sinne »markiert« und damit als »Setting« ausweist. Dasselbe gilt für die folgende Darstellung: Obwohl Jasmin die beiden Aktanten der Bilderfolge nicht wie Sabrina als »Ensemble«, sondern jeweils für sich einführt und obwohl sie in ihrem Korrekturversuch dazu ansetzt, sie als »Gegenspieler« zu konzipieren, gelingt es ihr nicht, einen Kontrast zwischen den zuerst erzählten und den darauf folgenden Ereignissen herzustellen. Die Mitteilungen, daß da zwei Männer sind, die mit ihren Rädern auf verschiedenen Wegen fahren und daß sie zusammenstoßen, werden nicht so aufeinander bezogen und handlungslogisch »markiert«, daß sich einleitende »Setting«-Ereignisse und im Kontrast dazu stehende »auslösende Ereignisse« ergeben. Ähnliches gilt für das weitere Geschehen. Jasmin inferiert zwar eine verbale Reaktion, indem sie die auf dem zweiten Bild angedeutete Gestik richtig als »Schimpfen« interpretiert, sie entwickelt daraus aber kein »Folgeereignis« im handlungslogischen Sinne, sondern läßt es bei der bloßen Erwähnung sein Bewenden haben. – Warum sie ihren Text so und nicht anders gestaltet, kann hier nicht geklärt werden. Es dürfte aber damit zusammenhängen, daß sie zwar über die Vorstellung von »Radfahren«, von einem »Verkehrsunfall« und von einer »Fahrradreparatur« verfügt, aber nicht über einen Begriff von den zwischen diesen komplexen Ereignissen bestehenden handlungslogischen Verknüpfungen, wonach das eine die Voraussetzung des anderen und dieses seinerseits wiederum die Bedingung des folgenden ist.

Anders der Text von *Paul* (ebenfalls 2. Schuljahr). Ihm gelingt es, die Figur des Hauptaktanten relativ scharf abzusetzen und mit der des konfliktauslösenden »Gegenspielers« zu kontrastieren. Im Anschluß an eine Darstellung von Ereignissen, die durch ihren Bezug auf die anschließenden Vorgänge handlungslogisch eindeutig als »Setting« gekennzeichnet sind, wird die in unserem Schema als »Episode« bezeichnete Folge von Ereignissen deutlich herausgearbeitet: Der Zusammenstoß wird nicht nur durch den Kontrast mit den vorhergehenden Vorgängen als »auslösendes Ereignis« vorgestellt, sondern auch durch die Inferenz der Ursache, die dazu geführt hat: »und dann . passen se nich auf«. So deutlich der Zusammenstoß auf diese Weise als zentrales Ereignis herausgehoben wird, so sehr fehlt dieser Hervorhebung allerdings eine spezifisch narrative Dramatisierung: Er wird nirgendwo narrativ »markiert«, z.b. durch eine Betonung seiner Plötzlichkeit und Intensität oder durch die Verwendung direkter Rede. Unter diesen Umständen ist deutlich, daß der Text – im Gegensatz zu demjenigen der gleichaltrigen Jasmin – zwar bis auf die Ebene der handlungslogischen Strukturierung der Ereignisse ausgearbeitet ist, aber eben auch *nur* bis auf diese Ebene: Die für eine narrative Strukturierung notwendigen »Markierungen«, die aus dem »Setting« eine »Exposition« und aus der zentralen »Episode« eine »Komplikation« gestalten könnten, kommen nicht vor. – Gegen Ende fällt der Text im übrigen wieder auf die Ebene einer linearen Verknüpfung der Ereignisse zurück, wie die rein additive Reihung der weiteren »Folgeereignisse« zeigt, in denen sich keinerlei Markierungen finden, durch die die zuletzt erzählten Ereignisse handlungslogisch als »Abschluß« kenntlich gemacht werden könnten. – Wenigstens erwähnt sei, daß Pauls im wesentlichen (wenn auch nicht vollständig) handlungslogisch strukturierter Text eine verhältnismäßig beachtliche sprachliche Kompetenz erkennen läßt. Das wird z.B. an der Art der Einführung der handelnden Personen und der korrekten Referenzerhaltung im weiteren Verlauf des Textes deutlich.

*Katrin* (4. Schuljahr) gelingt ein nahezu voll ausgebauter narrativer Text: Sie segmentiert die zentrale »Episode« zunächst durch die Entgegensetzung der Aktanten und »markiert« sie anschließend durch die Herausarbeitung der Folgen des Unfalls mit Hilfe der direkten Rede, die eine Dramatisierung des erzählten Geschehens bewirkt. Daß sie das »auslösende Ereignis« (den Unfall) nicht mit dem in Kindererzählungen sonst bevorzugt »plötzlich« oder ähnlichen adversativen Fügungen ausdrückt, sondern eine eher temporal zu verstehende Konjunktion verwendet, wird aufgewogen durch die ausführliche Darstellung der allgemeinen Vorbedingungen des episodischen Geschehens. In dieser ist deutlich das Bemühen um eine affektive Qualifizierung des anfänglichen Geschehens im Sinne einer »Exposition« erkennbar – es ist ausdrücklich die Rede von einer »Sonntagsspazierfahrt«. Die Information, wonach der kleine Herr Jakob auf niemand anders achtet, obwohl doch noch jemand auf einem Fahrrad daherkommt, bildet die Voraussetzung des folgenden besonderen Geschehens (Unfall). Der Kontrast zwischen diesem und dem anfänglichen Alltagsgeschehen (zwei Männer fahren mit dem Rad) ist allerdings nur schwach »markiert«. Er wird dann aber im Nachhinein innerhalb der Schilderung der »Folgeereignisse« durch das Schimpfen eines der beiden Akteure schärfer akzentuiert, wobei die dramatisierende Form der direkten Rede gewählt wird. Innerhalb der »Folgeereignisse« wird die Idee, aus den beiden beschädigten Rädern ein Tandem zu bauen, zu einem quasi selbstverständlichen Ereignis »neutralisiert«. Hier hätte die Erzählerin wiederum Gelegenheit gehabt, die Darstellung durch narrative »Markierungen« zu pointieren und zu elaborieren – immerhin läßt die Parenthese »da bauen sie nämlich ein Tandem daraus« erkennen, daß ihr die Besonderheit dieser »Problemlösung« offenbar bewußt ist. – Der Hinweis, daß zuletzt beide Männer auf dem Tandem gemeinsam weiterfahren, ist als »Abschluß« formuliert, aber nicht zu einer narrativen »Auflösung« weiterentwickelt, etwa durch eine Betonung der Erleichterung, daß ein so glücklicher Ausgang des Geschehens möglich geworden ist oder durch eine Hervorhebung des zwischen den beiden Akteuren hergestellten Friedens. So gesehen kommt Katrins Text in seinem Schlußteil nicht über eine handlungslogisch folgerichtig konstruierte Darstellung hinaus, d.h. er erreicht hier nicht die Ebene einer narrativ »markierten« Darstellung. – Daß Katrin den Zuhörer nicht durch einen »Schluß« aus der Erzählung hinaus und wieder in seine eigene

Wirklichkeit zurückführt, überrascht unter diesen Umständen nicht. Die Ursache dafür ist allerdings wohl nur zum Teil im (noch »unvollständigen«) Erzählschema der Verfasserin zu suchen, sondern geht vermutlich auch auf das Design der Datenerhebung zurück: Die Künstlichkeit der experimentellen Erzählsituation war der Elizitierung eines »Schlußteils« sicher nicht gerade förderlich.

## 3.2 Methodische Fragen

Vergleicht man diese – freilich nur skizzenhafte – Beschreibung und Analyse der einzelnen Erzähltexte mit dem oben vorgestellten narrativen Schema, dann wird deutlich, daß dieses Schema auf die konkreten Texte »anwendbar« ist, daß es »paßt«. Deutlich wird aber auch, daß es als Analyseinstrumentarium brauchbar ist und daß mit seiner Hilfe ein genauer Einblick in das den jeweiligen Texten zugrundeliegende »narrative Wissen« der Erzähler möglich wird (auch wenn natürlich damit gerechnet werden muß, daß die von uns gestellte »Erzählaufgabe« dieses Wissen nur partiell hervorgelockt hat).

Darüber hinaus sollte aber auch im Blick auf unser methodisches Vorgehen etwas deutlich geworden sein: Wir wenden das von uns theoretisch entwickelte (und in zahlreichen empirischen Versuchen erprobte und modifizierte) Modell »narrativen Wissens« bei unseren Textanalysen natürlich nicht »mechanisch« an. Vielmehr bleibt das Analyseverfahren trotz dieses »Instrumentariums« ein interpretatives Verfahren: Die Entscheidung darüber, welche einzelnen Textelemente welche Konstituenten des Strukturmodells realisieren, ist in jedem Fall eine interpretative Entscheidung, bei der dementsprechend immer auch Spielräume (und damit Unsicherheiten) bleiben. Wir glauben allerdings, daß es möglich ist, diese Spielräume im Laufe einer intensiven Einübung in den Gebrauch dieses Modells eingrenzen und die Einzelentscheidungen vergleichsweise gut absichern zu können.

Methodisch ergibt sich bei der Anwendung eines derartigen

Analyseinstrumentariums ein weiteres Problem, das wenigstens kurz angesprochen werden soll. Bei der Untersuchung kindlicher Erzähltexte anhand der Frage, welche Konstituenten des in unserem narrativen Strukturmodell abgebildeten »Erzählschemas« sich darin nachweisen lassen, müssen viele kindliche Erzähltexte unvermeidlich als »defizitär« erscheinen. Das spiegelt sich denn auch in zahlreichen Formulierungen der oben vorgetragenen Analysen wider, in denen ständig von »gelingen« oder »noch nicht gelingen«, von »erreicht haben« oder »noch nicht erreicht haben« usw. die Rede ist. Dazu ist zu sagen, daß wir unser Modell zwar als für die von uns angestrebten Analysen unverzichtbares heuristisches, aber nicht als normatives Instrument ansehen – auch wenn aufgrund notwendigerweise verkürzter Formulierungen manchmal das Gegenteil der Fall zu sein scheint. Auch für uns sind die auf den einzelnen von uns berücksichtigten Altersstufen anzutreffenden Texte diesen Stufen »gemäß« und dürfen dementsprechend nicht als unzulänglich diskriminiert werden. Das heißt aber nicht, daß sie als gleichermaßen gelungene Erzähltexte anerkannt werden müßten – eine solche Auffassung würde jeden Gedanken an eine »Entwicklung« ad absurdum führen. Die zwischen den Texten der einzelnen Altersstufen bestehenden Unterschiede dürfen gerade nicht nivelliert, sondern müssen im Gegenteil so scharf wie möglich herausgearbeitet und »auf den Punkt« gebracht werden. – Daß dies wiederum nur möglich ist anhand einer Rekonstruktion des narrativen Wissens »erfahrener« (d.h. im allgemeinen erwachsener) Erzähler, liegt auf der Hand und sollte durch unser Modell, das ja das Ergebnis einer derartigen Rekonstruktion darstellt, bestätigt worden sein.

## Schluß

Wir haben in diesem Beitrag ein erzähltheoretisches Modell vorgestellt, von dem wir glauben, daß es die konstitutiven Merkmale einfacher Erzählungen (und das für deren Hervorbringung notwendige »narrative Wissen«) adäquat abbildet und sich deshalb für die Analyse entsprechender Erzähltexte eignet. Darüber hinaus haben wir anhand einiger Beispielanalysen zu zeigen versucht, daß unser Modell diese Forderung tatsächlich erfüllt. Wenigstens angedeutet sei am Schluß dieses Beitrags auch, wie wir uns den weiteren Fortgang unserer Untersuchungen vorstellen.

Wir sind z.Z. dabei, die Ergebnisse der mit Hilfe unseres Erzählschemas durchgeführten interpretativen Analysen aller von uns gewonnenen kindlichen Erzähltexte in eine Form zu bringen, die eine computergestützte quantitative Auswertung möglich macht. Im Verlauf dieser Auswertung soll ermittelt werden, wie weit bei den Kindern der von uns berücksichtigten Altersgruppen die Entwicklung des Erzählschemas – ausweislich der Analyse der Erzähltexte – vorangeschritten ist und mit welcher »Erzählfähigkeit« dementsprechend auf diesen drei Altersstufen gerechnet werden kann. Darüber hinaus wollen wir untersuchen, welche »Logik« der beobachteten Entwicklung »narrativen Wissens« – und zwar im Zusammenhang mit der Entwicklung interaktiver, kognitiver und sprachlicher Fähigkeiten allgemein – zugrunde liegt. Der derzeitige Stand dieser Untersuchung ist an anderer Stelle genauer dargelegt worden (vgl. Boueke/Schülein 1991) und kann hier nur skizziert werden.

Wir unterscheiden innerhalb der Entwicklung »narrativen Wissens«, d.h. im Sinne unseres Untersuchungsobjekts der Entwicklung der Fähigkeit, eine (einfache) Geschichte zu erzählen, z.Z. vier »Stufen«:

– die Stufe einer isolierten Darstellung einzelner Ereignisse und Ereignisfolgen;
– die Stufe einer linearen Darstellung von Ereignissen und Ereignisfolgen;
– die Stufe einer handlungslogisch strukturierten Darstellung der Ereignisse;
– die Stufe einer narrativen »Markierung« der handlungslogisch verknüpften Ereignisse.

Diese »Stufen« haben z.Z. noch hypothetischen Charakter und bedürfen einer weiteren Überprüfung im Rahmen der computerunterstützten quantitativen Auswertungen des Materials.

Im Zusammenhang mit dieser Überprüfung wird uns auch die Frage nach der theoretischen Erklärung für solche deskriptiven »Stufen« beschäftigen. Im Verlauf der Diskussion dieser Frage wird u.a. zu untersuchen sein, welche »Mechanismen« für diese Stufenfolge der Entwicklung »narrativen Wissens« verantwortlich sind, d.h. wie diese Entwicklung in Gang gesetzt und in Gang gehalten wird. Es liegt nahe anzunehmen, daß sie zunächst durch den Aufbau von Wissen über den Zuhörer und dessen Erwartungen (im Sinne von »Perspektivenübernahme«) angestoßen und vorangetrieben wird. Dieser Entwicklung des »interaktiven Wissens« muß aber auch eine Entwicklung des sprachlichen Wissens und des »Weltwissens« entsprechen. Nur in diesem komplexen Zusammenspiel der Entwicklung von interaktivem Wissen, sprachlichem Wissen und Weltwissen wird sich die Entwicklung des in unserem Erzählschema abgebildeten »narrativen Wissens« beschreiben und erklären lassen.

Daß kinderliterarisches Erzählen dabei eine Rolle spielt, ist eine Hypothese, die durch empirische Forschungen sicher bestätigt werden kann. Da Erzählungen aus der Kinderliteratur, jedenfalls soweit es sich dabei um »einfache Geschichten« handelt, demselben narrativen Schema folgen wie Alltagserzählungen, ist zu erwarten, daß diejenigen Kinder, in deren Leben solche »Geschichten« eine Rolle spielen, das narrative Schema schneller erwerben als solche, bei denen das nicht der Fall ist. Man kann deshalb davon ausgehen, daß die Kinderliteratur neben den Erwartungen und Reaktionen der Zuhörer der Kinder einen wesentlichen Bestandteil des Bedingungsgefüges bildet, ohne das sich das »Erzählschema« – und damit das »narrative Wissen« und die Erzählfähigkeit – der Kinder nicht entwickeln kann. In diesem Zusammenhang gehört aber natürlich auch die Einflußnahme der Schule auf die Erzählentwicklung der Kinder, ein Faktor, dessen Erforschung bisher noch ganz am Anfang steht.

# Literatur

de Beaugrande, Robert-Alain (1982): The Story of Grammars and the Grammar of Stories. In: Journal of Pragmatics 6, 383 – 422.

Black, John B./Robert Wilensky (1979): An Evaluation of Story Grammars. In: Cognitive Science 3, 213–230.

Boueke, Dietrich (1990): Wie lernen Kinder, eine Geschichte zu erzählen? In: Wolfgang Dinkelacker/Ludger Grenzmann/Werner Höver (Hrsg.): Ja muz ich sunder riuwe sin. Festschrift für Karl Stackmann. Göttingen, 232–252.

Boueke, Dietrich/Frieder Schülein (1988): »Story Grammars«. Zur Diskussion um ein erzählstrukturelles Konzept und seine Konsequenzen für die Erzähldidaktik. In: Wirkendes Wort 38, 125–143.

Boueke, Dietrich/Frieder Schülein (1991): Beobachtungen zum Verlauf der Entwicklung kindlicher Erzählfähigkeit. In: Eva Neuland/Helga Bleckwenn (Hrsg.): Stil – Stilistik – Stilisierung. Tübingen 1991 (im Druck).

van Dijk, Teun A. (1976): Philosophy of Action and Theory of Narrative. In: Poetics 5, 287–338.

van Dijk, Teun A. (1980): Textwissenschaft. Eine interdisziplinäre Einführung. München (dtv 4364).

Ehlich, Konrad (Hrsg.) (1980): Erzählen im Alltag. Frankfurt (stw 323).

Ehlich, Konrad (1984): Erzählen in der Schule. Tübingen.

Ehlich, Konrad (1983): Alltägliches Erzählen. In: Willy Sanders/Klaus Wegenast (Hrsg.): Erzählen für Kinder – Erzählen von Gott. Begegnung zwischen Sprachwissenschaft und Theologie. Stuttgart, 128–150.

Gülich, Elisabeth (1976): Ansätze zu einer kommunikationsorientierten Erzähltextanalyse (am Beispiel mündlicher und schriftlicher Erzähltexte). In: Wolfgang Haubrichs (Hrsg.): Erzählforschung. Theorien, Modelle und Methoden der Narrativik. Bd. 1. Göttingen, S. 224–256.

Gülich, Elisabeth/Wolfgang Raible (1977): Linguistische Textmodelle. Grundlagen und Möglichkeiten. München (UTB 130).

Hausendorf, Heiko/Uta Quasthoff (1988): Ein Modell zur Beschreibung von Erzähl-Erwerb bei Kindern. In: K. Ehlich/K.R. Wagner (Hrsg.): Erzähl-Erwerb. Bern/Frankfurt, 89–112.

Hoppe-Graff, Siegfried/Hermann Schöler/Martin Schell (1980): Analyse der Erzählungen von Kindern im prä- und konkretoperationalen Entwicklungsstadium. Mannheim (Arbeiten der Forschungsgruppe Sprache und Kognition. Bericht Nr. 18) (Typoskript).

Hoppe-Graff, Siegfried/Hermann Schöler (1981): Was sollen und was können Geschichtengrammatiken leisten? In: Heinz Mandl (Hrsg.): Zur Psychologie der Textverarbeitung. München-Wien-Baltimore, 307–333.

Hoppe-Graff, Siegfried/Hermann Schöler/Werner Haas (1981): Ein Modell zur Beschreibung und Vorhersage des Zusammenfassens einfacher

Geschichten. In: Heinz Mandl (Hrsg.): Zur Psychologie der Textverarbeitung. München-Wien-Baltimore, 168–200.
Labov, William/Joshua Waletzky (1973): Erzählanalyse: Mündliche Versionen persönlicher Erfahrung. In: Jens Ihwe (Hrsg.): Literaturwissenschaft und Linguistik. Bd. 2. Frankfurt, 78–126 (die amerikanische Originalfassung erschien 1967).
Lämmert, Eberhard (Hrsg.) (1982): Erzählforschung. Stuttgart.
Mandl, Heinz/Helmut Felix Friedrich/Aemilian Hron (1988): Theoretische Ansätze zum Wissenserwerb. In: Heinz Mandl/Hans Spada (Hrsg.): Wissenspsychologie, München-Weinheim, 123–160.
Mandler, Jean M./Nancy S. Johnson (1978): Erzählstruktur und Erinnerungsleistung. Eine Grammatik einfacher Geschichten. In: W. Haubrichs (Hrsg.): Erzählforschung 3. Themen, Modelle und Methoden der Narrativik. Göttingen, 337–379.
Miller, Max/Jürgen Weissenborn (1991): Sprachliche Sozialisation. In: Klaus Hurrelmann/Dieter Ulich (Hrsg.): Handbuch der Sozialisationsforschung. 2. Auflage München.
Quasthoff, Uta M. (1980): Erzählen in Gesprächen. Linguistische Untersuchungen zu Strukturen und Funktionen am Beispiel einer Kommunikationsform des Alltags. Tübingen.
Quasthoff, Uta M. (1983): Kindliches Erzählen. Zum Zusammenhang von erzählendem Diskursmuster und Zuhöreraktivitäten. In: D. Boueke/W. Klein (Hrsg.): Untersuchungen zur Dialogfähigkeit von Kindern. Tübingen, 45–74.
Quasthoff, Uta M. (1986): Kommunikative Muster bei Kindern. Entwicklung oder Interaktion? In: B. Narr/H. Wittje (Hrsg.): Spracherwerb und Mehrsprachigkeit. Festschrift für Els Oksaar zum 60. Geburtstag. Tübingen, 79–91.
Rehbein, Jochen (1984): Beschreiben, Berichten und Erzählen. In: K. Ehlich (Hrsg.): Erzählen in der Schule. Tübingen, 67–124.
Rumelhart, David E. (1975): Notes on a Schema for Stories. In: Daniel G. Bobrow/Allan Collins (eds.): Representation and Understanding. Studies in Cognitive Science. London, 211–236.
Rumelhart, David E. (1980): Schemata: The Building Blocks of Cognition. In: Rand S. Spiro/Bertram C. Bruce/William F. Brewer (eds.): Theoretical Issues in Reading Comprehension. Hillsdale/New Jersey.
Schank, Roger C./R. Paul Abelson (1977): Scripts, Plans, Goals and Understanding. Hillsdale/New Jersey.
Stein, Nancy L./Christine G. Glenn (1979): An Analysis of Story Comprehension in Elementary School Children. In: R.O. Freedle (ed.): New Directions in Discourse Processing. Norwood, 53–120.
Thorndyke, Perry W. (1977): Cognitive Structures in Comprehension and Memory of Narrative Discourse. In: Cognitive Psychology 9, 77–110.
Weinert, Franz/Michael R. Waldmann (1988): Wissensentwicklung und Wissenserwerb. In: Heinz Mandl/Hans Spada (Hrsg.): Wissenspsychologie. München-Weinheim, 161–199.

Helmut Fischer

# Die kindliche Erzählwirklichkeit

Mündliche Texte von Grundschülern

*Defizite bei der Erforschung von Kinderliteratur*

Seitdem die Literaturwissenschaft sich über die Dichtung hinaus der Unterhaltung-, Trivial-, und Gebrauchsliteratur zuwendet, setzt sich auch die Einsicht durch, daß der Literaturbegriff nicht allein auf schriftliche Texte eingeschränkt bleiben kann. Der Zugriff auf mündliche Texte erfolgt jedoch außerordentlich zögerlich (Janota, Riha, 1981, 28f.). Mündlichkeit und Schriftlichkeit, Oralität und Literalität, mündliche und schriftliche Literatur werden noch als Gegensätze empfunden (vgl. Erzgräber, Goetsch, 1987; Ong, 1987). Die überkommenen Gepflogenheiten des wissenschaftlichen Umgangs mit Texten, die von der Verfügbarkeit schriftlicher Äußerungen eines namentlichen Verfassers aus der literarischen Überlieferung oder Gegenwart ausgehen, bevorzugen die sichere Vorfindlichkeit auf dem Schreibtisch. Die ständig in Veränderung begriffene Wirklichkeit der Erzeugung mündlicher Texte, ihre Aufnahme, Aufbereitung und Untersuchung werden anderen Fachrichtungen, etwa der Volkskunde überlassen. Der empirische Ansatz, der den Text unmittelbar beim mündlichen Produzenten aufsucht und Fragen der Hörerbedeutsamkeit, der Verbreitung, Veränderung, geschichtlichen Entwicklung, der Textbildung und Motivik unter dem Blickwinkel der Gewinnung behandelt, wird weithin vernachlässigt (vgl. Groeben, 1977). Der Befund ist umso erstaunlicher, wenn man bedenkt, daß die schriftlose Literatur eine weitaus längere Tradition als die schriftliche besitzt. Erst im 19. Jahrhundert gewann die Masse der Bevölkerung durch die Vermittlung im schulischen Unterricht den Zugang zur Literatur im engeren Sinne. Diese starre, schriftbezogene Einstellung kann auch die Kinderliteraturforschung, um die Anerkennung der Literaturwissenschaft bemüht, nicht aufbrechen. Sie macht sich vielmehr deren Vorurteil zueigen und befaßt sich vor allen Dingen mit von Erwachsenen für junge Leser verfertigten, gedruckten Texten. Immer noch auf der Suche nach dem Bildungswert und dem Erziehlichen in »guten« Texten, unterwirft sie sich dem didaktischen und pädagogischen Ansprüchen der Gesellschaft (vgl. Fischer, 1988 c). Eine Folge ist die Ausgrenzung der »Kinderliteratur« aus dem Gesamtfeld der Literatur. Die Abneigung der Literaturwissenschaften gegenüber dieser »Durchgangsliteratur« wird verstärkt. Das geringe Ansehen der Kinderliteratur in der Öffentlichkeit bleibt erhalten.

Die Forschungsrückstände, die aus der Bevorzugung der Schriftlichkeit, der Pädagogisierung der Texte und der Isolierung in der Gesamtliteratur folgen, erscheinen noch größer, wenn die mündlichen Texte einbezogen werden. Denn die Mündlichkeit, die Kindern eigentümlichste Weise literarischer Produktivität und literarischen Umgangs, wird weitgehend vernachlässigt. Lediglich innerhalb der Betrachtung der Kinderlyrik finden der anonyme volkstümliche Kinderreim und das Volkskinderlied einige Aufmerksamkeit (vgl. Franz, 1979). Der Blick ist indessen geradewegs auf ein bestimmtes Bild vom Kind gerichtet, das in einer »heilen Welt« sich brav und freundlich zum Erwachsenen entwickelt. Diese Sichtweise, die Kindlichkeit und naiven Volksgeist miteinander verquickt, hat ihren literarischen Ursprung in der Auswahl der »Kinderlieder«, die Ludwig Achim von Arnim und Clemens Brentano ihrer Volksliedersammlung »Des Knaben Wunderhorn« (1806–1808) anfügten. Ihr Beispiel bestimmt die Sammlungen und Untersuchungen sowie die Auffassung von dieser Art von mündlicher Literatur bis weit in das 20. Jahrhundert hinein. Erst in jüngerer Zeit hat die Forschung mit »Exkursen in den literarischen Untergrund« begonnen und Belege für die andere Seite des kindlichen Umgangs mit Literatur beigebracht (vgl. Rühmkorf, 1967). Insbesondere die Volkskunde beschäftigt sich mehr und mehr mit den Bereichen der »ungepflegten Kinderkultur« (vgl. Bausinger, 1985). Über Anfänge ist aber auch sie noch nicht hinaus gelangt. Noch weniger wird die erzählerische Eigenproduktion der Kinder beachtet. Auf Grund der schriftliterarischen Gepflogenheit spricht man ihr ästhetische Qualität ab. Den »unanständigen« Inhalt vieler Alltagserzählungen, welche das Kind im Kreise der Gleichaltrigen gestaltet, empfindet man als störend und nicht »kindgemäß«. Das Erzählen von Geschichten wird der kindlichen Subkultur zugewiesen. Die epischen Kleinformen, vor allem Märchen, Sage, Fabel, Legende und Anekdote, gehören zum Kanon der vorschulischen und schulischen Literatursozialisation und damit unter die erzieherische Pflegschaft der Erwachsenen. Sie sind didaktisch ausgiebig erörtert (vgl. Schrader, 1980). Nur am Rande werden Kleinstformen wie Scherzfrage und Witz behandelt. Lediglich das Rätsel hat immer wieder die Aufmerksamkeit der Forschung gefunden (vgl. Hain, 1966; Scherl, 1979, 244f; Bentzien, 1779). Erst in den letzten Jahren wendet man sich dem Witz in allen seinen inhaltlichen und formalen Ausprägungen zu (Reger, 1975, 409–419; Röhrich, 1977; Wehse, 1983). Wiederum ist es, neben der Literaturdidaktik, die Volkskunde, die sich um den epischen Teil der mündlichen Kinderliteratur bemüht. Nur allmählich überwindet die Forschung ihre Scheu vor der abgeschlossenen und abqualifizierten Wirklichkeit kindlichen Literaturgebrauchs. Eine Ausnahme stellt noch die Kinderliteraturforschung dar, die sich nach wie vor gegenüber den im alltäglichen Umgang vorfindlichen lyrischen, epischen und dramatischen Texten und ihrer empirischen Erhebung sowie vor der Analyse der bislang vernachlässigten und unterdrückten Texte zurückhält.

Aber nicht nur der Gegensatz zwischen mündlicher und schriftlicher Kinderliteratur und ihrer wissenschaftlichen Behandlung, sondern auch die soziale Einbindung und Entwicklung des Literaturgebrauchs verdient Aufmerksamkeit. Die mündliche Literatur ist wohl das wichtigste Mittel der kindlichen Kommunikation und Sozialisation. Lyrische, epische und dramatische Texte in Spielverwendung sind Bestandteile des Heranwachsens. Von der Geburt bis zum Erwachsenwerden begleiten sie die körperlichen und geistigen Handlungen des jungen Menschen. Sie bieten Verhaltensmuster, regen die schöpferischen Kräfte an, machen Sprache zum Gegenstand der Wahrnehmung, führen poetische Mittel vor, stellen sie zur Erprobung bereit und fördern die intellektuellen Fähigkeiten. Diese Zweckgerichtetheit von Dichtung hat etwas mit Lehren und Lernen zu tun. Dichtung ist das Werkzeug von Enkulturation und Sozialisierung (vgl. Greverus, 1978). Das Kind findet nach der Ausbildung seiner Sprachkompetenz zur literarischen Eigenständigkeit, indem es außer Reimen, Liedern und Spielliedern auch Rätsel und Scherzfragen, Geschichten und Witze lernt. Der Erwerb der Lesefertigkeit und der Schulunterricht bewirken keine Änderung des Verhaltens. Es sichert sich vielmehr einen Raum, in dem es, abgeschirmt gegenüber Erwachsenen und Schule, mündlich-literarisch handelt.

Das Hineinwachsen des Kindes in die Kultur und seine Übernahme gesellschaftlicher Verhaltensweisen beruhen jedoch auf der geschichtlichen Überlieferung (vgl. Arnold, 1980, 67ff.). Das Material, mit dem es umgeht, stellen das anonyme Herkommen, das »Volksgut«, und die anonymisierte Tradition, die durch Volkläufigkeit den Text von seinem bekannten Verfasser löst, bereit (vgl. Ariés, 1978, 126ff.; Weber-Kellermann, 1979, 192ff.). In jedem Falle sind Vermittler notwendig. Am Anfang übernehmen die pflegenden und erziehenden Personen, insbesondere die Eltern, diese Aufgabe. Indem das Kind sich zusehends aus der Obhut der Familie entfernt und in eigenbestimmte oder gesellschaftsverordnete Gruppen wie Kindergarten und Schule übergeht, verfügt es selbst über seinen Umgang mit dieser Art von volkstümlicher Dichtung.

Ein Teil der kindlichen Oralität besteht in epischen Texten. Sie ist dem Alltag der Kinder verhaftet. Dieser Alltag aber stellt sich dem Beobachter als ein Gewirr des natürlichen und spontanen, falschen und wahren, naiven und ideologischen Denkens, Handelns und Erlebens dar (vgl. Elias, 1978). Es findet seinen Ausdruck in einer Fülle von Formen, Anwendungen und Inhalten, die nur mühsam mit Begriffen zu fassen sind. Aus dem Blickwinkel der Textsortenerörterung lassen sich Rätsel und Scherzfrage, Witz und Geschichte ermitteln. Ihre Äußerung geschieht im Vollzug des Erzählens, indem mehrere Sätze aneinandergefügt und mehr oder weniger komplizierte Handlungsfolgen sprachlich im Hinblick auf Hörer bewältigt werden. Es handelt sich um Kurzerzählungen meist fester Gestalt, die in Spielsituationen vorgetragen werden und eine starke kommunikative Wirkung besitzen (vgl. Virtanen, 1978, 72–77). Sie gehören in den Zusammenhang des »Alltäglichen Erzählens« hinein und leben außerhalb des schulischen Erzählens (vgl. Bausinger, 1975). Mit der »Schulerzählung«, welche dem Training des »mündlichen Ausdrucks« und als »mündlicher Aufsatz« der Vorbereitung der schriftlichen Kommunikation im Unterricht dient, haben sie nichts gemein (vgl Ludwig, 1981). Desgleichen widersetzen sie sich allen Versuchen der Didaktisierung (vgl. Klein, 1980). Als Bestandteile der autonomen kindlichen Literaturpraxis dokumentieren sie die Erzählwirklichkeit von Grundschülern.

## *Zugänge zur mündlichen epischen Kinderliteratur*

Die Mißachtung der mündlichen Eigenliteratur der Kinder durch die Forschung ist eine Sache, der Zugriff auf Texte im kindlichen alltäglichen Umfeld eine andere. Überdies verstellt die These vom »Verschwinden der Kindheit« in der gegenwärtigen technokratisch-urbanen Gesellschaft und vom Untergang aller eigenständigen poetischen und spielerischen Kreativität den Blick auf den Gegenstand (vgl. Postman, 1985, 14). Diese Vorbehalte sucht ein Vorhaben zur Erforschung der mündlichen Kinderfolklore auszuräumen, das sich mit Kinderreimen und Kinderspielliedern im urbanen Bereich befaßt. In einem systematischen Feldforschungsunternehmen wurden in zwei Ansätzen sechs- bis zehnjährige Kinder an ihren Spielorten, auf der Straße und auf Spielplätzen, beobachtet. Als sich herausstellte, daß diese Verfahren nur mit außerordentlichem Aufwand und unzureichendem Ergebnis durchzuführen war, wurden in einem dritten Schritt die Aufnahmen in 25 Grundschulklassen mit Erfolg fortgesetzt. Insgesamt wurden 2200 Texte erhoben und verschriftet. Davon sind 1594 Reime, Lieder und Spiellieder und 616 Rätsel, Scherzfragen und Witze (vgl. Fischer, 1986, 1987, 1988 b). Ein vierter Angang soll der Aufnahme von Geschichten »sagenhaften« Inhalts gelten.

Der Nachweis, daß die mündliche Kinderliteratur epischer Provenienz ein aktueller Gegenstand literaturwissenschaftlicher Bemühungen sein kann, ist am einleuchtendsten mit Hilfe von Beispielen zu führen. Die Texte liegen in Transkription vom Tonband vor. Auf die Erörterung des Erhebungsverfahrens wird verzichtet (vgl. Fischer, 1988 a). Im Vordergrund des Interesses stehen Inhalte, Gestalt und Funktion.

Das Rätsel ist knapp und prägnant (vgl. Hain, 1966, 49). Die Frage mit der Aufforderung zur Antwort versteckt sich hinter den spruchartigen Merkmalen.

Text 1  Ich kenne Stufen, die können laufen.
*Rolltreppe.*

Am häufigsten wird die Rätselfrage verwendet.

Text 2  Es hat Zähne und beißt doch nicht. Was ist das?
*Die Briefmarke.*

Ein Gegenstand wird benannt und beschrieben. Die Ergänzungsfrage ist vom Sachverhalt getrennt (vgl Bentzien, 1979, 245). Eine andere Art der Rätselfrage nimmt die Sachverhaltsbeschreibung unmittelbar in die Ergänzungsfrage auf.

Text 3  Was ist das Gegenteil von Konfitüre?
*Konfifenster*

Mitunter wird Absurdes erzeugt. Es benutzt Bestandteile der Wirklichkeit, um die Grenzen zur Ebene des Widersinns aufzuzeigen.

Text 4   Zwei Piloten sitzen im Flugzeug. Der eine hat braune Haare, der andere hat blonde Haare. Der mit den braunen Haaren hat einen Fallschirm, der mit den blonden Haaren hat keinen Fallschirm. Wer war als erster auf der Erde, wenn sie beide runterfallen?
*Adam und Eva.*

Das Rätsel ist ganz an die Sprache gebunden. In seiner unlösbaren Form, etwa als Rätselfrage, stellt es einen Scheindialog vor. Der Fragesteller muß auch die Antwort geben (vgl. Bausinger, 1980, 129). Das Rätsel ist Spiel und auf gegensätzliche Verhaltensabläufe wie Frage- und Antwortregelungen mit nachfolgendem Gelächter ausgerichtet (vgl. Jolles, 1968, 147). Seine Beziehung zum Witz ist nicht zu leugnen (vgl. Bausinger, 1966/67, 55f.). Die Kinder selbst stellen diese Verbindung her.
Mit dem Rätsel ist die Scherzfrage verwandt (vgl. Panzer, 1935, 255). Sie stimmt hinsichtlich ihres äußeren Baus mit der Rätselfrage überein. Die Frage verlangt indessen nicht mehr eine »richtige« Antwort, sondern setzt in ihrer Unlösbarkeit einen Scherz voraus, den lediglich der Fragesteller selbst richtig beibringen kann (vgl. Röhrich, 1977, 11). Fast ausschließlich handelt es sich um das Muster der Ergänzungsfrage. Sie wird durch Fragewörter eingeleitet.

Text 5   Warum gehen die Ostfriesen Weihnachten immer am Fenster aus und ein?
*Weil Weihnachten vor der Tür steht.*

Die Antwort nennt einen scherzhaften Sachverhalt. Die Inhalte sind breit gestreut und meist dem kindlichen Alltag entnommen.

Text 6   Woran erkennt man, daß ein Maulwurf im Kühlschrank ist?
*Vor dem Kühlschrank hat er sein Motorrad abgestellt.*

Die Zweiteiligkeit der Scherzfrage fördert ihre Einprägsamkeit. Das Muster wird von den Kindern gern benutzt (vgl. Helmers, 1971, 116f.). Die sprachlichen Mittel sind ihnen ganz bewußt.

Der Witz entfaltet sich gleichfalls nach dem Textbildungsgrundsatz von sprachlicher und inhaltlicher Knappheit und Kürze des Umfangs (vgl. Röhrich, 1977, 10f.). Er ist zweigliedrig angelegt. Im ersten Teil wird ein Geschehen erzählt. Dann folgt die Zuspitzung in der Pointe.

Text 7   Da kommt Fritzchen nach Hause und sagt zu seinem Vater: »Papa, ich habe die Frage des Lehrers beantwortet«. Da sagt er: »Welche denn?« – »Wer die Scheibe kaputt geschossen hat«

Die Fritzchen-Witze handeln von einem kindlichen Helden, der mit seiner Pfiffigkeit die Erwachsenen immer wieder auf den Arm nimmt. Dabei scheut er weder vor Grobheiten und erotischen Anspielungen noch vor skatologischen Deutlichkeiten zurück (vgl. Röhrich, 1977, 83–86, 88–90, 94–98; Wehse, 1983, 93). Durch die Gegensätzlichkeit wird im Witz eine Spannung aufgebaut, die sich im Lachen entlädt. Häufig findet sich ein dialogisches Gefüge.

Text 8   Da geht ein Hase ins Geschäft und fragt den Verkäufer: »Hattu Möhren?« Sagt der Verkäufer: »Nein, Möhren hab ich nicht!« Kommt er am nächsten Tag wieder: »Hattu Möhren?« – »Nein, Möhren hab ich nicht!« Da ging das 'ne ganze Zeit. Da kommt er wieder: »Hattu Möhren?« Sagt er: »Nein, Möhren hab ich nicht! Wenn du noch einmal mit den Möhren ankommst, nagele ich dich zu Jesus ans Kreuz!« Kommt er am nächsten Tag wieder: »Hattu Möhren?« – »So jetzt aber nagele ich dich zu Jesus ans Kreuz!« Wird er ans Kreuz genagelt. Da fragt der Hase Jesus: »Hast du auch nach Möhren gefragt?«

Frage und Antwort bestimmen die sich dreifach steigernde Handlung. In den Häschenwitzen verführt das kleine Tier den Erwachsenen durch sein dreimaliges Fragen zu einer entlarvenden Handlung. Die Kinder fühlen sich in die Tierrolle ein und lachen darüber, wenn die Großen auf ihre Grenzen verwiesen werden (vgl. Röhrich, 1977, 81f.; 1977 a, 47–53; Wehse, 1983, 87f.). Einen hohen kommunikativen Wert für die Kinder besitzt Obszönes. Sie erproben am Unanständigen ihr Selbstbewußtsein, die Ablösung von den Erwachsenen und den Zugriff auf Erkenntnis und Verhaltensweisen, die ihnen später ungehindert zur Verfügung stehen. Ihre Vorliebe für das Skatologische wird im sogenannten versauten Witz deutlich.

Text 9   Sind zwei auf der Straße. Nebenan ist ein Gebüsch. Sagt der eine: »Ich muß mal kurz pinkeln!« Sagt der andere: »Ich muß auch!« Gehen sie ins Gebüsch. Ja, kommen sie wieder raus. Sagt der eine: »Hör mal, warum hast du denn so leise gepinkelt und ich so laut?« Und da sagt der andere: »Ja, wahrscheinlich, weil du an den Baum gepinkelt hast und ich in die Hose!«

Die Kinder überwinden in ihrer Entwicklung den Abschnitt der Reinlichkeitserziehung und die damit verbundene Handlungs- und Sprachtabuisierung. Sie erkennen die erlernten Regeln an, freuen sich jedoch am Normverstoß und bringen ihn auf diese Weise an die Öffentlichkeit (vgl. Röhrich, 1977, 151–153; Wehse, 1983, 93). Die Nationalitätenwitze wiederum verarbeiten kulturelle, nationale und rassische Vorurteile.

Text 10  Ein Deutscher, ein Amerikaner und ein Türke wollen im Schweinestall übernachten. Geht der Amerikaner rein, ein Tag, zwei Tage, drei Tage, kommt er wieder raus: »Puh, da stinkt's!« Geht der Deutsche rein, eine Woche, zwei Wochen, drei Wochen, kommt er raus: »Puh, da stinkt's! Außerdem muß ich mal!« Geht der Türke rein, ein Jahr, zwei Jahre, drei Jahre, vier Jahre, fünf Jahre, sechs Jahre, sieben Jahre, acht Jahre. Kommen die Schweine raus: »Puh, da stinkt's!«

In der Gestalt des dreigliedrigen Übertrumpfungswitzes wird die eigene Überlegenheit unmißverständlich herausgestellt (vgl. Albrecht, 1982; Nierenberg, 1984). Schauer und Schrecken rufen die Gruselwitze hervor. Sie bereiten dem Erzähler besonderen Spaß, weil sie beim Hörer eine bestimmte Erwartung erzeugen (vgl. Wehse, 1983, 77f.). Diese wird jedoch nicht erfüllt. Das Geschehen wird vielmehr im Dreischritt bis zur oft wirklichkeitsnahen Lösung fortgeführt.

Text 11 Da war 'ne Frau allein, und die kriegt einen Anruf. Und da sagt einer: »Ich bin das Gespenst mit der blutigen Hand. In einer Stunde bin ich bei Ihnen!« Nach drei Minuten geht wieder das Telefon, und der erzählt dasselbe. Eine Minute davor... nach einer Stunde, da kriegt sie wieder den Anruf: »Ich bin das Gespenst mit der blutigen Hand!« Um ein Uhr steht das Gespenst vor der Tür und klingelt an, und sie macht auf. »Haben Sie mal ein Pflaster?« Das war ihr Mann, der hatte sich verletzt.

Diese Art von »Witz« zeigt bereits Züge der dämonologischen Sage. Sie behält zwar die Dreigliedrigkeit bei, entnimmt die Gestalten und Verhaltensweisen jedoch dem Vorrat sagenhafter Vorstellungen (vgl. Wehse, 1983, 77f.). Den Schauer verstärkt der Ekelwitz, der ein Gefühl des Abscheus und des Widerwillens bis hin zur körperlichen Übelkeit erzeugt.

Text 12 Da kommt der Dracula in die Apotheke, fragt er: »Kann ich 'ne Flasche Blut haben?« – »Nee, Blut haben wir leider nicht.« Am nächsten Tag kommt er wieder rein: »Kann ich 'ne Flasche Blut haben?« – »Ja, diesmal haben wir's gekriegt. Bitte schön!« Da nimmt er's, bezahlt es und geht nach Hause. Am nächsten Tag kommt er wieder: »Kann ich ein Paket

Toastbrot haben?« – »Ja, wozu denn das?« – »Draußen ist ein Unfall, zum Stippen!«

Im Hintergrund steht die Vampirgeschichte vom Grafen Dracula (vgl. Harmening, 1983). Sagenhaftes, das zum kollektiven Überlieferungsbestand gehört, wird an die Gegenwart angepaßt. Die kindlichen Erzähler erweisen sich als Glieder eines Kommunikationsgefüges, in dem Überliefertes aufgegriffen und verarbeitet wird. Häufig sind die Bezüge zur traditionellen Vorstellungswelt der Volkserzählung kaum noch wahrzunehmen. Die Glaubwürdigkeit solcher Geschichten des alltäglichen Erzählens wird nicht in Frage gestellt.

Text 13   In der Bild-Zeitung, da stand... Die amerikanischen Yuccapalmen, wenn man die gießt und da... quietscht was, da soll man sofort die Feuerwehr verständigen und aus dem Zimmer rausgehen, weil... da züchten... dann leben da meistens... da legen dann die Spinnen ihre Eier öfters drunter. Dann soll man sofort aus dem Zimmer raus und die Feuerwehr verständigen, weil... diese Spinnen können sehr gefährlich werden. Manche von ihnen sind sogar giftig.

Der Erzähler liefert einen Beleg für die weit verbreitete »neue« Sage von der »Spinne in der Yuccapalme« (Marcel Z., 9 Jahre, 10.12.1986). Er gibt sich als Träger des Erzählguts in der Gegenwart zu erkennen, das von Erlebnissen der Menschen mit dem Gefährlichen, Schrecklichen und Unbekannten berichtet. Sein Beitrag gehört damit zu den dämonologischen Sagen, der größten Gruppe des lebendigen Sagengutes. Während in den dämonologischen »alten« Sagen der herkömmlichen, in zahlreichen Sammlungen gespeicherten Überlieferung die Begegnung mit einem jenseitigen Wesen und der Einbruch des Numinos-Jenseitigen in die Welt des Alltäglich-Diesseitigen behandelt werden, passen sich in den »neuen« Sagen Requisiten, Staffage und Dramaturgie dem gegenwärtigen Alltag an. Es ist nicht ein schädlicher Dämon oder ein Gespenst, welche den Menschen bedrohen, sondern eine exotische Pflanze, mit der man sich eine giftige Spinne in die Wohnung geholt hat. Der Mensch ist unsicher gegenüber der Gefahr. Statt magischer Abwehrpraktiken bedient er sich des technischen Apparates. Aber er empfindet diese Gefährdung und drückt sie aus. Die Quelle, eben die Zeitung, unterstützt die Glaubhaftigkeit des Erzählens (vgl. Fischer, 1989a; 1989b; Brednich, 1990, 102). Die Spinne ist ein Bestandteil der industriellurbanen Wirklichkeit.

Noch eindringlicher stellt sich die in einer Geschichte verarbeitete Gefahr dar, wenn sie dem eigenen Erlebnis entspringt. Der kindliche Erzähler hat unmittelbaren Anteil und lädt die Vorgänge mit den Kernaussagen umlaufender Erzählungen über die Verbreitung der Rauschgiftsucht auf.

Text 14  Ja, ich war da unten am Jugendklub, und da haben zwei Jungs so... da haben zwei Jungs zu mir gesagt: »Hier hast du paar Bilder. Willst du mal dadran lekken?« Haben sie so was Komisches von den Bildern gesagt, daß ich lecken sollte. Und da hab ich gesagt: »Nein, so was tu ich nicht!« Ja, und dann... dann sind die Jungs wieder weggegangen, und dann haben sie noch ein paar andere angesprochen... (Und warum solltest du daran lecken?) Ja, weil da wahrscheinlich Rauschgift dran war.

Das Gefährliche erscheint in kindgemäßer Verkleidung, als mit Rauschgift versehenes Klebebildchen (Patrick D., 8 Jahre, 19.11.1989). Die Rauschgiftmafia sucht auf diese Weise, selbst Kinder in die Abhängigkeit von Drogen zu bringen. Die Zeitungen berichten über dieses verbrecherische Verhalten. Seit Jahren laufen mündliche Geschichten um, die sich plötzlich zur Gewißheit von Fällen im unmittelbaren Lebensumkreis verdichten (vgl. Brunvand, 1984, 120). Die Vergegenständlichung vollzieht sich für den kindlichen Erzähler in einer Geschichte, in einer »neuen« Sage.

In der mündlichen epischen Kinderliteratur nehmen die

Kleinformen, die Lachen und Heiterkeit durch die Akzentuierung von Pointen hervorrufen oder Ängste vor verborgenen Gefahren bewirken, einen außergewöhnlichen Platz ein. Die Erzähler beherrschen die Gestaltungsmuster und die notwendigen sprachlichen Mittel. Sie besitzen mit der Episierung eine wesentliche Fertigkeit produktiven und rezeptiven Textumgangs und sind in der Lage, sich bewußt mit Literatur zu beschäftigen (vgl. Helmers, 1971, 112-117). Ihr »literarisches« Erzählen setzt sich eindeutig von einem alltäglichen Erzählen ab, das narrative Muster wie Mitteilung, Bericht und szenische Erzählung bestimmen (vgl. Quasthoff, 1987). Es befindet sich, obwohl mündlich, in einem unmittelbaren Bezug zu den schriftlichen Erzählgattungen Rätsel, Scherzfragen, Witz und Sage. Allerdings machen die kindlichen Erzähler einen eigenen, alterstypischen Gebrauch davon.

## Perspektiven der Kinderliteraturforschung

Eine Ursache für die Vernachlässigung der mündlichen Kinderliteratur durch die Literaturforschung ist der Mangel an Texteditionen, greift sie doch am liebsten auf schreibtischgerecht aufbereitetes Material zurück. Lediglich der lyrische Bereich, also Volkslied und Volkskinderreim, ist durch umfangreiche, allerdings unterschiedlichen wissenschaftlichen Ansprüchen genügende Sammlungen erschlossen (vgl. Simrock, 1848; Böhme, 1897; Lorbe, 1971; Peesch, 1957; Baader, 1979; Bornemann, 1973, 1974, 1976). Ausgaben epischer Texte gibt es, abgesehen von dem Ansatz eines Nachweises, noch nicht (vgl. Wehse, 1985, 1987; Fischer, 1988b). Die Schwierigkeiten bestehen in der empirischen Textbeschaffung.

Systematische Felduntersuchungen bei Kindern unterliegen besonderen Bedingungen (vgl. Thomae, 1971). Mit Hilfe der Beobachtung wird ihr sprachlich-literarisches Verhalten vom Forscher wahrgenommen, schriftlich aufgezeichnet oder, unter Verwendung eines Tonträgers, gespeichert. Diese Unternehmungen sind abhängig von Ort, Zeit, Jahreszeit, Inhalten und den Entscheidungen der Beobachteten. Nicht jeder Text ist für die Ohren von Erwachsenen bestimmt. Die Gegenwart des Sammlers muß gebilligt werden. Nur selten wird es ihm gelingen, sich im Sinne der teilnehmenden Beobachtung in die Gruppe einzuordnen (vgl. McDowell, 1983, 315f.). Viel eher wird er als Bedrohung empfunden. Eine totale Aufnahme der vielgestaltigen Vorgänge ist unmöglich. Die Verschriftlichung der erhobenen Texte und ihre Aufbereitung ist außerordentlich arbeitsaufwendig und zeitraubend. Nur authentische Materialien, bei einer abgegrenzten und homogenen Population in einem festen Zeitrahmen gewonnen, werden in das Korpus aufgenommen.

Die Textdokumentation bildet die Grundlage der literaturwissenschaftlichen Untersuchung. Rätsel und Scherzfrage, Witz und Sage machen einen großen und bestimmenden Teil des selbständigen Umgangs der Kinder mit Literatur aus. Sie entstammen der literarischen Sprachverwendung und gehören auf die Ebene der Poetik. Die Textbildungsverfahren setzen Textmuster voraus, die zum überlieferten Bestand literarischer Darstellungsweisen und zum Vorrat des üblichen, für den mündlichen Gebrauch geeigneten poetischen Werkzeugs gehören (vgl. Stierle, 1975, 9f.). Die epischen Texte werden durch Kürze, Zweigliedrigkeit und dialogischen Bau gekennzeichnet. Mit ihrer Hilfe vollzieht sich das Lernen, die Speicherung im Gedächtnis, eine mögliche Veränderung und die inhaltliche Ausgestaltung. Sie bewirken das Gelingen von Kommunikation durch literarische Texte. Im Gebrauch festigen die Erzähler die Handhabung der poetischen Mittel. Sie erwerben auf diese Weise die Fähigkeit, sich weitere Fertigkeiten anzueignen und ihre bewußte Anwendung zu üben.

Die Inhalte richten sich weithin an der Alltagswirklichkeit aus. Die Dinge und Vorgänge, die Figuren und Verhaltensweisen werden umschrieben und verdunkelt oder in einen tatsächlichen oder unterstellten Gegensatz zueinander gebracht, um ein rätselhafte, eine komische oder warnende Wirkung zu erzielen. Gewisse Themen, das Anstößige und Derbe, die deftigen, oft vulgären erotischen Anspielungen und skatologischen Aussagen geraten in einen ernsten Widerspruch zu den erziehlichen Absichten und Bemühungen der Erwachsenen. Das Obszöne gilt geradezu als etwas, was nicht volksmäßig und daher auch nicht den Kindern angemessen ist (vgl. Knoop, 1985, 16f.). Immer spiegeln die Kinder indessen in ihrem Erzählen die aktuelle Umgebung. Die legen darin ihre Einschätzung der Welt offen. Überliefertes geben sie weiter oder passen es an. Sie erfinden Neues und selektieren aus dem Angebot der Erwachsenen.

Über die Herkunft der Texte geben die Erzähler nur zögernd Auskunft. Sie machen sich keine Gedanken darüber und gehen mit ihnen wie mit ihrem Spielzeug um. Ihr Textrealismus ist auf Wirkung in der Gruppe ausgerichtet. Präzise Mitteilungen sind auf dieser vorbewußten Verhaltensebene nicht zu erwarten. Der kindliche Textvorrat speist sich zu einem gewissen Teil aus der Mündlichkeit. Die Altersgenossen steuern einiges bei. Anderes kommt von Jugendlichen oder Erwachsenen. Kinder sind aufmerksame Zuhörer. Dank ihrer natürlichen Neugier schnappen sie manches auf. Ohnehin ist das Rätsel, auch unter dem Einfluß von Schule und Schulbuch, zu den Kindern abgesunken (vgl. Lindig, 1989; Tomkowiak, 1989). Witziges beschaffen sie sich nach dem Erwerb der Lesefertigkeit verstärkt aus den Printmedien, aus Witzbüchern, Kinderzeitschriften, Werbezeitschriften, Illustrierten und Tageszeitungen (vgl. Rogge, 1984, 151). Ein ähnliches Gewicht haben die auditiven Medien, die Schallplatten und Kassetten. »Sagenhafte« Geschichten werden »gehört« oder in Massendruckerzeugnissen gelesen.

Die kindlichen Erzähler machen von Rätsel und Scherzfrage, Witz und Sage einen regen Gebrauch (vgl. Fischer, 1988b, 95). Sie verwenden die Texte außerhalb des Schulunterricht, wohl auf dem Schulhof, gelegentlich in der Familie, am häufigsten jedoch beim Spiel in der Gruppe der Gleichaltrigen. Vor allen Dingen die Spielpausen füllen sie mit Erzählen aus. Die zeigen ihre Überlegenheit, was Besitz und Vortrag anlangt. Jungen und Mädchen, ebenso ausländische Kameraden, sofern sie das Deutsch ausreichend beherrschen, beteiligen sich gleichermaßen. Den Kindern macht das Erzählen Spaß. Sie freuen sich an der verbalen Auseinandersetzung und betrachten den Umgang mit diesen Texten als ein ihnen eigenes Feld ihrer Kultur. Die kindliche Erzählwirklichkeit oder die mündliche Literatur der Kinder bedarf des wissenschaftlichen Interesses. Immer wieder »brauchen Kinder Geschichten« (vgl. Ewers, 1989/1991). Nur sollte über dem Vorschreiben, Vorlesen und Vorerzählen nicht übersehen werden, daß die Kinder bereits ihre eigenen Geschichten haben.

## *Literatur*

Albrecht, Richard: »Was ist der Unterschied zwischen Türken und Juden?« (Anti-)Türkenwitze in der Bundesrepublik Deutschland 1982: Versuch über ein gesellschaftliches Dunkelfeld. In: Zeitschrift für Volkskunde 78 (1982) 220–229.

Ariés, Philippe: Geschichte der Kindheit. München 1978. (= dtv WR 4320).

Arnold Klaus: Kind und Gesellschaft in Mittelalter und Renaissance. Beiträge und Texte zur Geschichte der Kindheit. Paderborn 1980. (= Sammlung Zebra. Reihe B 2).

Baader, Ulrich: Kinderspiele und Spiellieder. 1. Untersuchung in württembergischen Gemeinden. 2. Materialien: Kinderspiellieder und Abzählreime. Tübingen 1979. (= Untersuchungen des Ludwig-Uhland-Instituts der Universität Tübingen 46, I–II).

Bausinger, Hermann: Rätsel-Fragen. In: Rheinisches Jahrbuch für Volkskunde 16/17 (1966/67) 48–70.

ders.: Alltägliches Erzählen. In Enzyklopädie des Märchens. 1. Berlin, New York 1975, 323–330.

ders.: Formen der »Volkspoesie«. 2. Aufl. Berlin 1980. (=Grundlagen der Germanistik 6).

ders.: Kultur für Kinder – Kultur der Kinder. In: Köstlin, Konrad (Hrsg.): Kinderkultur. 25. Deutscher Volkskundekongreß in Bremen vom 7. bis 12. Oktober 1985. Bremen 1987. (= Hefte des Focke-Museums 73) 11–18.

Bentzien, Ulrich: Rätsel. In: Deutsche Volksdichtung. Eine Einführung. Frankfurt a. M. 1979. (= Röderberg-Taschenbuch 82) 241–260.

Böhme, Franz Magnus: Deutsches Kinderlied und Kinderspiel. Volksüberlieferung aus allen Landen deutscher Zunge, gesammelt, geordnet und mit Angabe der Quellen, erläuternden Anmerkungen und den dazugehörigen Melodien. Leipzig 1897.

Borneman, Ernest: Unsere Kinder im Spiegel ihrer Lieder, Reime, Verse und Rätsel. Olten, Freiburg i. Br. 1973. (=Studien zur Befreiung des Kindes 1).

ders.: Die Umwelt des Kindes im Spiegel seiner »verbotenen« Lieder, Reime, Verse und Rätsel, Olten, Freiburg i. Brsg. 1974. (= Studien zur Befreiung des Kindes 2).

ders.: Die Welt der Erwachsenen in den »verbotenen« Reimen deutschsprachiger Stadtkinder. Olten. Freiburg i. Br. 1976. (= Studien zur Befreiung des Kindes 3).

Brednich, Rolf Wilhelm: Die Spinne in der Yucca-Palme. Sagenhafte Geschichten von heute. München 1990. (= Beck'sche Reihe 403).

Brunvand, Jan Harold: The Choking Doberman and Other »New« Urban Legends. New York. London 1984.

Des Knaben Wunderhorn. Alte deutsche Lieder. Gesammelt von L.A. von Arnim und Clemens Brentano, hrsg. Heinz Rölleke. (Frankfurter Brentano Ausgabe). Clemens Brentano: Sämtliche Werke und Briefe. Historisch-kritische Ausgabe Bd. 6, 7, 8) Teil 1, Stuttgart 1975; Teil 2, Stuttgart 1976; Teil 3, Stuttgart 1975.

Elias, Norbert: Zum Begriff des Alltags. In: Hammrich, K./Klein, M. (Hrsg.): Materialien zur Soziologie des Alltags. Kölner Zeitschrift für Soziologie und Sozialpsychologie. Sonderheft 20 (1978) 22–29.

Erzgräber, Willi/Goetsch, Paul (Hrsg.): Mündliches Erzählen im Alltag, fingiertes mündliches Erzählen in der Literatur, Tübingen 1987. (= Script Oralia 1).

Ewers, Hans-Heino: Kinder brauchen Geschichten. In: Grundschule 21 (1989) 8–13; wieder abgedruckt in diesem Band.

Fischer, Helmut: Erzählen, nicht nur im Jugendbuch. Bemerkungen zu einem (auch) aktuellen Thema. In: jugendbuchmagazin 30 (1980) 9–4.

ders.: Bibabutzemann und Dracula. Kinderreime und Spiellieder in der Großstadt In: Volkskultur an Rhein und Maas. 5 (1986) J.2, 27–35.

ders.: Alte Reime, neue Reime. Kinder und ihre mündliche Literatur. In: jugendbuchmagazin 37 (1987) 114–122.

ders.: Erhebung und Verarbeitung von Texten alltäglichen Erzählens. In: Raible, Wolfgang (Hrsg.): Zwischen Festtag und Alltag. Zehn Beiträge zum Thema »Mündlichkeit und Schriftlichkeit«. Tübingen 1988. (= Script Oralia 6) 85–109 (= 1988a).

ders.: Rätsel, Scherzfrage, Witz. Epische Kleinformen im Gebrauch sechs- bis zehnjähriger Kinder. In: Fabula 29 (1988) 73–95 (= 1988c).

ders.: Spinne in der Yuccapalme, Neue Sagen und was sie sagen. In: Essener Universitätsbericht 1 (1989) 23–29 (= 1989a).

ders.: Der entmythologisierte Dämon. Beispiele aus dem gegenwärtigen Erzählgut. In: Petzoldt, Leander/de Rachewiltz, Siegfried (Hrsg.): Der Dämon und sein Bild. Frankfurt am Main, Bern, New York, Paris 1989. (= Beiträge zur Europäischen Ethnologie und Folklore. Reihe B: Tagungsberichte und Materialien 2) 27–41 (= 1989b).

Franz, Kurt: Kinderlyrik. Struktur, Rezeption, Didaktik. München 1979. (UTB 855).
Greverus, Ina-Maria: Kultur und Alltagswelt. München 1978. (= Beck'sche Schwarze Reihe 182).
Groeben, Norbert: Rezeptionsforschung als empirische Literaturwissenschaft. Kronberg/Ts. 1977 (= Empirische Literaturwissenschaft 1).
Hain, Mathilde: Rätsel. Stuttgart 1966.
Harmening, Dieter: Der Anfang von Dracula. Zur Geschichte von Geschichten. (Würzburg) 1983. (= Quellen und Forschungen zur Europäischen Ethnologie 1).
Helmers, Hermann: Sprache und Humor des Kindes. 2. Auflage Stuttgart 1971.
Johannes/Riha, Karl: Aspekte mündlicher literarischer Tradition. In: Brakkert, Helmut/Stückrath, Jörn (Hrsg.): Literaturwissenschaft. Grundkurs 2. Reinbek bei Hamburg 1981, 28–50.
Jolles, Andre: Einfache Formen. 2. Auflage Darmstadt 1968.
Klein, Klaus-Peter: Erzählen im Unterricht. Erzähltheoretische Aspekte einer Erzähldidaktik. In: Ehlich, Konrad (Hrsg.): Erzählen im Alltag. Frankfurt am Main 1980. (= stw 323) 263–295.
Knoop, Ulrich: »... in die ganze Geschichte der Poesie eingreifen...« Zur Verschriftlichung der Märchen durch die Brüder Grimm. In: Hessische Blätter für Volkskunde und Kulturforschung 18(1985) 15–26.
Lindig, Erika: Lesebücher im Überlieferungsgefüge traditioneller Erzählstoffe. In: Röhrich, Lutz/Lindig, Erika (Hrsg.): Volksdichtung zwischen Mündlichkeit und Schriftlichkeit. Tübingen 1989. (= Script Oralia 9) 163–176.
Lorbe, Ruth: Die Welt des Kinderliedes. Dargestellt an Liedern und Reimen aus Nürnberg. 2.Aufl. Weinheim, Berlin, Basel 1971 (= Internationale Untersuchungen zur Kinder- und Jugendliteratur 2).
Ludwig, Otto: Die Schulerzählung oder Erzählen in der Schule. In: Praxis Deutsch 49(1981), 15–21.
McDowell, John H.: Children's Folklore. In: Dorson, Richard M. (Hrsg.): Handbook of American Folklore. Bloomington 1983, 315–322.
Nierenberg, Jürgen: »Ich möchte das Geschwür loswerden«. Türkenhaß in Witzen in der Bundesrepublik Deutschland. In Fabula 25 (1984) 229–240.
Ong, Walter J.: Oralität und Literalität. Die Technologisierung des Wortes. Opladen 1987.
Panzer, Friedrich: Das Volksrätsel. In: Spamer, Adolf (Hrsg.): Die deutsche Volkskunde. 1. 2. Auflage Leipzig (1935) 263–282.
Peesch, Rudolf: Das Berliner Kinderspiel der Gegenwart. Berlin 1957. (= Deutsche Akademie der Wissenschaften zu Berlin. Veröffentlichungen des Instituts für deutsche Volkskunde 14).
Postman, Neil: Das Verschwinden der Kindheit. 10. Auflage Frankfurt 1985.
Quasthoff, Uta M.: Sprachliche Formen des alltäglichen Erzählens: Struk-

tur und Entwicklung. In: Erzgräber, Wille/Goetsch, Paul (Hrsg.): Mündliches Erzählen im Alltag, fingiertes mündliches Erzählen in der Literatur. Tübingen 1987. (Script Oralia 1) 54–85.

Reger, Harald: Der Witz als Textkategorie und seine didaktische Bedeutung für den Literaturunterricht. In: Muttersprache 83 (1975) 409–419.

Röhrich, Lutz: Der Witz. Figuren, Formen, Funktionen. Stuttgart 1977.

ders.: Ausgemachte Viechereien. Tierwitze und was dahinter steckt. Freiburg i. Br. 1977 (= Herderbücherei 634) (= 1977a).

Rogge, Jens-Uwe: Zeitung/Zeitschrift. In: Grünewald, Dietrich/Kaminski, Winfred (Hrsg.): Kinder- und Jugendmedien. Ein Handbuch. Weinheim, Basel 1984, 145–164.

Rühmkorf, Peter: Über das Volksvermögen. Exkurse in den literarischen Untergrund. Reinbek bei Hamburg 1967.

Scherl, Hermann: Kleine epische Formen. In: Boueke, Dietrich (Hrsg.): Deutschunterricht in der Diskussion. Forschungsberichte 2. 2. Auflage Paderborn 1979, 334–267.

Schrader, Monika: Epische Kleinformen. Theorie und Didaktik. Königstein/Ts. 1980.

Simrock, Karl: Das deutsche Kinderbuch. Altherkömmliche Reime, Lieder, Erzählungen, Übungen, Rätsel und Scherze für Kinder. Frankfurt a.M. 1848.

Stierle, Karlheinz: Text als Handlung, Perspektiven einer systematischen Literaturwissenschaft. München 1975. (= UTB 423).

Thomae, Hans: Beobachtung und Beurteilung von Kindern und Jugendlichen. 10.Aufl. Basel, München, Paris, London, Sidney 1971. (= Psychologische Praxis. Schriften für Erziehung und Jugendpflege 15).

Tomkowiak, Ingrid: Traditionelle Erzählstoffe im Lesebuch. In: Fabula 30 (1989) 96–110.

Virtanen, Leea: Sagentradition bei Kindern. In: Röhrich, Lutz (Hrsg.) Probleme der Sagenforschung. Freiburg i.Br. 1973, 190–195.

dies.: Children's Lore. Helsinki 1978. (= Studia Fennica 22).

Weber-Kellermann, Ingeborg: Die Kindheit. Kleidung und Wohnen, Arbeit und Spiel. Eine Kulturgeschichte. Frankfurt am Main 1979.

Wehse, Rainer (Hrsg.): Warum sind die Ostfriesen gelb im Gesicht? Die Witze der 11- bis 14jährigen – Texte und Analysen, Frankfurt a.M./Bern 1983. (= Artes populares 6).

ders.: Die Überlieferung der Kinder einer Familie. In: Kvideland, Raimund/Selberg, Torunn (Hrsg.): Papers IV. The 8th Congress for the International Society for Folk Narrative Research. Bergen, June 12th–17th 1984. Bergen 195, 393–403.

ders.: Verbale Überlieferung in einer Familie. Was Kinder erzählen und singen. In: Köstlin, Konrad (Hrsg.): Kinderkultur. 25. Deutscher Volkskundekongreß in Bremen vom 7. bis 12. Oktober 1985. (= Hefte des Focke-Museums 73) 333–338.

Kristin Wardetzky

# Frühe Prägung?
Märchenrezeption und Entwicklung
literarischer Interessen

Keiner kann behaupten, er sei von ihnen verschont geblieben, von den »unschuldigen« Märchen, in denen die Freier massenweise im Dornengestrüpp hängenbleiben, ehe der *Eine* kommt, dem sich die Hecke von selber öffnet, in denen der Wöchnerin die Kinder weggenommen und ihr die Lippen mit Blut beschmiert werden, um sie vor dem Gatten des Kannibalismus zu bezichtigen, in denen der Vater seiner Tochter die Hände abhackt, weil sie ihm nicht zu Willen ist, in denen Neugier mit dem Scheiterhaufen, Demut mit dem Thron belohnt wird... Niemals wieder haben wir mit solch vehementer innerer Anteilnahme poetischen Lebensentwürfen gelauscht wie in unserer frühesten Kindheit. Neben Familie, Kindergarten, Schule arbeitet auch heute noch der gesamte Kulturbetrieb daran, die kindliche Phantasie mit dem Märchen zu infiltrieren: Kinderschallplatte, -film, -radio, -fernsehen, -theater behaupten das Märchen als »goldenen Fond« ihres Repertoires, Kinderlied und -reim tun das ihre dazu, und bewußt oder unbewußt partizipieren die Kinder an einer Fülle kultureller Angebote, in denen Märchenmotive, -symbole, -figuren ihres ursprünglichen Kontextes beraubt und zum Klischee erstarrt sind – in Unterhaltungskunst, Reklame, Design.

Der festen Verankerung des Märchens in der (Kinder-)Kultur entspricht die nach wie vor ungebrochene Favorisierung dieses Genres durch die Kinder (ob als Resultat oder Begleiterscheinung, mag vorerst dahingestellt sein), wie die von Ch. Bühler begonnenen und bis heute durchgeführten literatursoziologischen Untersuchungen zeigen (Federspiel 1969; Baumgärtner 1987; Psaar/Klein 1980; Schreiter/Misch 1979; Hüttner/Levenhagen/Matthes 1877 u.a.). Auch wenn sich in den letzten Jahren ein Trend zur altersmäßigen Verlagerung dieses Interesses ins Vorlesealter abzuzeichnen scheint (Lindner/Karig 1990), hat das Märchen seine Vormachtstellung im Gesamtangebot der Kinderliteratur nicht eingebüßt. Die Vorliebe fürs Märchen erweist sich als internationales, medienübergreifendes Phänomen: Kino, Fernsehen, Schallplatte und Radiosendungen werden von Kindern einer bestimmten Altersstufe vornehmlich genutzt, um Märchen zu rezipieren, wie H. Hüttner in einem Resümee aktueller Tendenzen des kindlichen Leseverhaltens nachweist (Hüttner 1989, 55), und der marxistische Märchenforscher aus den USA, Jack Zipes, kommt in einem kritischen Rückblick auf die Aktivitäten anläßlich der Grimm-Jubiläen 1985/86 zu dem Schluß, daß »the Grimms' tales, either in their translated literal editions or in multifarious adaptions, play a crucial role in the socialisation of children over much of the modern world« (Zipes 1988, 110).

Welche Hinterlassenschaft in der kindlichen Psyche ist von diesen Modellvorstellungen von der Welt und vom Handeln des Menschen in der Welt zu erwarten? Antworten, und zwar divergierende, ja konträre Antworten darauf gaben bisher vor allem Psychologen und Pädagogen. Die Literaturwissenschaft hat sich gegenüber der Wirkung der Märchenlektüre auf die Ausbildung literarischer Interessen, Rezeptionsstrategien und Gewohnheiten bisher weitestgehend abstinent verhalten, wie ja insgesamt Fragen der Ontogenese literarischer Bedürfnisse noch immer unterbelichtet sind (Hurrelmann 1980, Groeben/Vorderer 1988, Dahrendorf 1980). Läßt sich aber nicht vermuten, daß die literarischen Interessenprofile der Erwachsenen geprägt werden über ihr Leseverhalten in der Kindheit? Trägt nicht das, was in der Kindheit massenhaft konsumiert wird, das Märchen also, entscheidend zur Ausbildung von Rezeptionsmustern, von Ansprüchen und Erwartungen gegenüber Literatur bei? Welche Hinterlassenschaft ist von der Märchenlektüre also bezüglich unserer literarischen Sozialisation zu erwarten?

Wir wollen die Komplexität der Fragestellung nach frühen

literarischen Prägungen einschränken und fragen, ob nicht eventuell das Bedürfnis nach jener Literatur, die von Erwachsenen massenhaft verschlungen wird, die populäre Unterhaltungsliteratur also, beim Märchen seinen Anfang nimmt, das sich ja ebenfalls ungewöhnlicher Popularität erfreut. Gibt es wesentliche Merkmale des Leseverhaltens, die bei Kindern und bei Erwachsenen, die populäre Unterhaltungsliteratur bevorzugen, ähnlich, wenn nicht identisch sind? Wenn sich diese Frage positiv beantworten läßt, ist dann das Leseverhalten dieser Erwachsenen eventuell erklärbar aus den in der Kindheit gewonnenen Erfahrungen im Umgang mit dem Märchen, oder bringen ganz andere, nicht-literarische Einflüsse bzw. Determinanten solche Analogien hervor? Zugespitzt formuliert: Wird das Verhältnis zur (Unterhaltungs-)Literatur primär geprägt durch Literatur oder durch andere, außerliterarische Faktoren?

Zur Frage der Analogie im Leseverhalten von Kindern und Erwachsenen werde ich von einer Untersuchung ausgehen, in der ich auf der Grundlage einer breiten empirischen Materialbasis die Affinität zwischen Kindern und Märchen zu erhellen versuchte. Einige Ergebnisse dieser Untersuchungen werde ich vergleichen mit relevanten Daten aus soziologischen Untersuchungen zum Leseverhalten Erwachsener, die von Literatursoziologen der DDR vorgelegt wurden (Sommer/Löffler/Walter/Scherf [Hrsg.] 1978; Goehler/Lindner/Löffler [Hrsg.] 1989). Zur Frage der Genese bzw. Ätiologie kann und will ich lediglich einige vorsichtige hypothetische Überlegungen äußern.

In der von mir 1986–1988 durchgeführten Märchenuntersuchung ging ich von der Annahme aus, daß nicht alle von den Kindern über die verschiedenen Medien rezipierten Märchen oder märchenhaften Inhalte vollständig gespeichert werden. Vielmehr ist anzunehmen, daß auch die gedächtnismäßige Fixierung solcher Erlebnisinhalte von Mechanismen der Selektion, Verformung und hierarchischen Gliederung gesteuert werden, wie sie die kognitive Psychologie beschrieben hat. Es ist anzunehmen, daß motivational indifferente Faktoren weniger lange und weniger gut behalten werden als solche, die mit akuten sozial-personalen Bedürfnissen zusammenhängen (Hoffmann 1984; Klix 1973, 1976). Um dieses Gedächtnisbesitzes habhaft zu werden, erschien mir das Erfinden eigener Märchen durch die Kinder als die fruchtbarste Methode. Sie entspricht der Hypothese, daß vor allem jene Elemente und Muster des Märchens den Kindern zum kreativen Gebrauch zur Verfügung stehen, die den nachhaltigsten Eindruck hinterlassen haben. Überlagerungen durch aktuelle Rezeptionserlebnisse sind dabei nicht auszuschließen. Wenn sich aber bei einer repräsentativen Anzahl von Probanden bestimmte Häufigkeiten in der Verwendung bestimmter Elemente und struktureller Muster zeigen, dann kann daraus auf die besondere Wirkung eben dieser Elemente und Muster auf Kinder einer definierten Altersgruppe geschlossen werden. Zur Auswertung liegen mir 1155 Märchen von Kindern der Klassen 2 bis 4 aus verschiedenen Gebieten der DDR vor. Die Märchen wurden im Unterricht, aber ohne Beeinflussung durch den Lehrer geschrieben, und zwar nach vorgegebenen, knappen märchenhaften Geschichtenanfängen, die eine Expertengruppe ausgearbeitet, in Vorversuchen überprüft und modifiziert hatte.

Was läßt sich diesen kindlichen Märchen über frühe literarische Prägung entnehmen? Beim ersten Lesen dieser Texte gewinnt man einen widersprüchlichen Eindruck. Einerseits fasziniert die Kohärenz und Logik dieser Geschichten, faszinierend ist die Eigenwilligkeit, mit der tradierte Motive und typisierte Figuren verknüpft sind, wodurch sie in einen oftmals verblüffenden Sinnzusammenhang geraten, faszinierend das Bemühen um eine poetische, von der Lexik des Alltags abgehobene Sprache und um poetische Durchdringung des Stoffes. Andererseits können die Texte eine gewisse Stereotypie, ja Monotonie nicht verleugnen, obwohl nicht einer dieser Texte einem anderen gleicht. Mittels der Strukturanalyse (angelehnt an Propp 1975, Dundes 1964, Maranda 1971, Holbek 1987, Meletinskij 1969) lassen sich unter der bunt schillernden Oberfläche dann auch stabile Schemata ausmachen, eine Art archaischer Grundmuster mit einem Kernbestand an obligatorischen syntagmatischen Einheiten. Man kann die Baupläne der kindlichen Märchen letztlich reduzieren auf nur 4 solcher Grundmuster, und zwar auf zwei Minimal- oder Basisformeln und zwei Maximal- oder erweiterte Formeln. Ich will hier lediglich auf die beiden Basisformeln eingehen, die aus jeweils 4 Funktionen bestehen:

1. Isolierung der Hauptfigur – Bedrohung durch einen Schädiger – Bewährung – Transformation des Ausgangszustandes;
2 Isolierung der Hauptfigur – Deprivation – Bewährung – Transformation des Ausgangszustandes.

Damit haben die Kinder in einem unterbewußten Reduktionsverfahren jene zwei »Urschemata« des Märchens rekonstruiert (nicht zu verwechseln mit der »Urform« des Märchens, nach dem die historisch-geografische Schule fahndet), auf die, wie die Märchenforschung nachwies, letztendlich alle Zauber-, Novellen und ätiologischen Märchen nicht nur des europäischen Kulturkreises zurückgeführt werden können (Propp 1975, Nolting-Hauff 1974, Dundes 1964), und zwar mit der Formel 1 das Urschema des Drachentötermärchens, mit der Formel 2 das des Märchens/des Mythos vom verlassenen Kind und/oder von der unschuldig verfolgten Heldin. Es stellt sich die Frage, ob wir hier nicht nur die ältesten Märchenschemata vor uns haben, sondern ein Grundprinzip, in dem Elementarerfahrungen der Krisenbewältigung zur narrativen Struktur geronnen sind. Erklärt sich die Eingängigkeit, Resistenz und Zeitlosigkeit dieser Grundmuster nicht aus der Tatsache, daß sie Schlüsselerfahrungen jedes Menschen in der Überwindung von Konflikten repräsentieren, und zwar unabhängig von gesellschaftlichen Entwicklungsabläufen und unabhängig vom Lebensalter des Individuums? Mehr noch: Gibt es noch andere elementare Konfliktbereiche, in denen sich der Mensch in seiner Existenz derart radikal bedroht fühlt als von einer wie auch immer gearteten Über-Macht und durch die völlige Isolierung von der menschlichen Gemeinschaft? Sind also jene Muster nicht vor jeder Literatur als kollektive Erfahrung vorhanden gewesen und bedient sich die Literatur nicht eher solcher, als Erfahrungskondensat vorhandener Muster statt sie erst hervorzubringen? Läßt sich nicht eventuell das frühe kindliche Interesse am Märchen daraus erklären, daß es Modelle der Konfliktbewältigung anbietet, die der in der Lebenspraxis spontan erworbenen Erfahrungsstruktur des Kindes adäquat sind, aus der strukturellen Identität von literarischem Modell und Realitätserfahrung also?

Interessanterweise gibt es geschlechtstypische Präferenzen beim Griff nach den beiden Formeln: Den Jungen dient insbesondere die Basisformel 1 mit den Kernfunktionen Bedrohung – Bewährung als Phantasiepartitur (die ihre volle Entfaltung im Typus des Drachentötermärchens findet), den Mädchen hingegen stärker die Basisformel 2 mit den Kernfunktionen Verlassenheit/Einsamkeit und Bewährung (die sich im Verwandlungs- bzw. Tierbräutigamsmärchen vollendet). Jungen bevorzugen demnach Strukturen, in denen ein äußerer Konflikt (Konfrontation mit einem Gegenspieler) angelegt ist, Mädchen Strukturen mit »inneren« Konflikten, in denen gegensätzliche innere Strebungen aufeinanderprallen und heftige innere Erschütterungen auslösen. Generell neigen die Mädchen dazu, äußere Konflikte zu vermeiden. Wenn, bedingt durch den vorgegebenen Anfang, die Hauptfigur von einem Schädiger bedroht wird, der Konflikt also vorgegeben ist, dann setzen sie alle Kräfte ihrer Phantasie ein, um den Konflikt glaubhaft zu verharmlosen oder ihn beizulegen, bevor es zum Krach kommt. Das Vergnügen der Jungen am Spiel mit äußeren Konflikten ist hingegen unverkennbar. Sie genießen die Zuspitzung, die extreme Herausforderung, die explosive Gefährlichkeit einer Konfliktsituation. So gibt es in ihren Märchen auch signifikant mehr äußere Konflikte als bei den Mädchen. Dem entsprechen auch geschlechtstypische Tendenzen bei der Bestrafung der Gegenspieler: Nur in 11% der von Mädchen geschriebenen Märchen werden diese physisch vernichtet, während in den Märchen der Jungen 24% der Schädiger ihre Feindseligkeit mit dem Leben bezahlen müssen.

In gleicher Deutlichkeit ist auch das Bild von den Märchenhelden/innen geschlechtstypisch geprägt. Hierfür bietet die Untersuchung eine Fülle von Belegen. Ich will lediglich auf einige Formen der Bewährung, mit denen die Helden/innen in den Märchen mit äußeren Konflikten dem Feind zu begegnen suchen, eingehen: Die Mädchen lassen ihre Helden/innen häufiger die Flucht ergreifen, wobei hier der Unterschied zu den Jungen nicht signifikant ist. Signifikanz erhält er bei der Wahl des Motives Kampf als Mittel der Konfliktlösung. Bei den Jungen taucht er dreimal häufiger auf als bei den Mädchen. Auch behalten die Mädchen den Kampf ausschließlich männlichen Protagonisten vor. Es gibt bei ihnen (im Unterschied zu den Jungen) keine schwertschwingende Jungfrau, die ein Ungeheuer tötet. Wenn in den Märchen der Mädchen eine weibliche Hauptfigur zum Schwert oder Messer greift, dann vernichtet sie damit nicht einen Gegner, sondern entzaubert ihn, erweckt ihn zu neuem Leben in seiner eigentlichen Gestalt. Das Schwert ist in ihren Händen kein Instrument des Todes, sondern der Verwandlung und Verlebendigung. Fast dreimal häufiger als bei den Mädchen taucht der Kampf in den Märchen der Jungen auf, und hier ist er nicht, wie bei den Mädchen, an männliche Helden gebunden: Wenn nämlich der vorgegebene Geschichtenanfang Assoziationen an Schwäche, Angst oder Ohnmacht weckt, dann ordnen die Jungen einer solchen Situation geradezu zwanghaft eine weibliche Hauptfigur zu. Aber offensichtlich stecken sie dann in dem Dilemma, sich im Fortgang der Handlung mit einem ängstlichen, schwachen Mädchen abgeben zu müssen – eine unzumutbare Anforderung an ihre Phantasie! So machen sie dann kurzerhand aus diesen Mädchen eine Art »Kippfiguren«, die sich zu Helden im Range der Drachentöter mausern. Sie sind dann zu Taten fähig, die die Mädchen ihren Heldinnen niemals zumuten. Sie wehren und behaupten sich auf ganz und gar männliche Weise. Sie sind männliche Helden in weiblicher Maske, realisieren also ein Rollenverhalten, das im tradierten Zaubermärchen primär männlichen Protagonisten zukommt und sich deutlich unterscheidet vom Rollenverhalten, mit dem die Mädchen ihre weiblichen Hauptfiguren agieren lassen.

Die Kämpfe, mit denen sich die Helden/innen in den Märchen der Jungen zur Wehr setzen, sind oftmals tatsächlich naiv-kindliche Formen der Selbstbehauptung. Die »Kampfmittel« stehen mitunter in krassem Gegensatz zur Gewalt des Gegenspielers. Wenn dem Helden nicht Zauber, Zufall oder Trick zu Hilfe kommen, wird der Kampf ausschließlich mit archaischen Waffen ausgetragen: mit Stock, Pfeil und Bogen, Schwert, Messer, Steinen. Solche Formen »tätlicher« Notwehr gibt es in den Märchen der Mädchen nur in Zusammenhang mit männlichen, meist der Kindheit entwachsenen Protagonisten. Für ihre weiblichen Hauptfiguren denken sie sich andere »Waffen« aus: die Heldinnen bewähren sich insbesondere durch vielfältige Formen prosozialen Verhaltens (soziale Zuwendung, Bitten erfüllen, uneigennütziges Handeln), durch Zauberpraktiken oder Charme. Diese Formen der Bewährung finden sich bei den Mädchen dreimal häufiger als bei den Jungen. Während sich die Helden der Jungen also beweisen gegen einen anderen, d.h. in der Konfrontation, beweisen sich die Heldinnen der Mädchen für einen anderen, d.h. in der Kooperation. Das verlangt von ihnen ebenso viel Mut, Selbstüberwindung und Aktivität wie der Kampf der männlichen Protagonisten. Die weiblichen Hauptfiguren in den Märchen der Mädchen gleichen keinesfalls dem Frauenbild der Grimmschen Märchen, das u.a. R. Bottigheimer und M. Tatar kritisch ins Visier nehmen (Bottigheimer 1986; Tatar 1987). Sie lassen sich nicht auf die Dimension Passivität festlegen, die im traditionellen Rollenverständnis ein Synonym für Weiblichkeit ist. Es fehlt ihnen keineswegs an Selbstbewußtsein und Handlungsbereitschaft, nur sind ihre Mittel zur Selbstbehauptung andere als die der Jungen. Insbesondere geht es den Mädchen bei der Notwehr nicht primär darum, einen Kontrahenten auszuschalten, sondern viel eher darum, einen Partner zu gewinnen, meist den Bräutigam, seltener einen Freund, und eben hierin finden die weiblichen Hauptfiguren der Mädchen ihre Ich-Bestätigung.

So erscheint auch das Ziel der Bewährung in geschlechtstypischer Perspektive: Es gibt z.B. bei der Wahl des Hochzeitsmotives wiederum signifikante Unterschiede. Für die Jungen hat dieses Motiv wesentlich geringere Bedeutung als für die Mädchen. Es bildet meist lediglich den konventionellen Abschluß der Handlung. Selbst wenn der Drachentöter ihrer Märchen von einer bedrohten Jungfrau hört, dann ist das für ihn ein willkommener Anlaß, seine Stärke und Einmaligkeit zu beweisen. Ob ihn dabei das Mädchen überhaupt interessiert, ist schwer auszumachen. Mitunter vergißt er nach glücklichem Sieg einfach die Heirat und zieht weiter. Am häufigsten erscheint erst am Ende, nachdem alle Gefahren glücklich überstanden sind, per Zufall noch ein schönes Mädchen oder eine Prinzessin, die kurzerhand geehelicht wird, damit der Topf seinen Deckel hat. In den Märchen der Jungen, in denen der Held analog dem Typ des Drachentöters agiert, heißt freien *immer* befreien. Der Freier ist der Befreier/Retter/Räuber. Generell wählen die Jungen nur selten andere Mittel der Brautwerbung. Anders die Mädchen: Zieht in ihren Märchen ein Jüngling aus, um den Drachen zu töten, so ist sein Motiv grundsätzlich Liebe. Alle Kampfesanstrengungen nimmt er nur eines besonderen Mädchens wegen auf sich, nur ihretwegen ist er bereit, sein Leben in die Waagschale zu werfen, um am Ende glücklich mit ihr vereint zu sein.

Die Heirat ist für die Mädchen der Gipfel der Glückseligkeit. Damit ist jener Zustand märchenhaften Entrücktseins und zeitloser Freude erreicht, in den keine feindliche Macht mehr einbrechen kann. Die Heirat ist die gültigste Versicherung gegen alle Unbilden des Lebens und der Welt. Damit aber nicht genug: Heirat ist für die Mädchen identisch mit Kinderkriegen. Kaum ein Mädchen kann umhin, den Kindersegen, der wie aus Fortunas Füllhorn über das junge Paar ausgeschüttet wird, namentlich zu nennen. Die Goldkörner in diesem Schatz sind Zwillinge – möglichst männlich und weiblichen Geschlechts, möglichst mit beinahe identischen Namen. In den Märchen der Jungen fehlt der Verweis auf Nachkommenschaft beinahe vollständig.

Anhand des, auch durch Signifikanzberechnungen nachgewiesenen Geschlechterunterschiedes im Umgang mit dem

Hochzeitsmotiv findet die Grundtendenz, daß es in den Märchen der Jungen ganz elementar um Selbstbehauptung, in denen der Mädchen hingegen um Bindung geht, eine deutliche Bestätigung. Selbst wenn Mädchen und Jungen das gleiche Sujet aufgreifen, gestalten sie es aus dieser geschlechtsgebundenen Sicht. Klassifiziert man die kindlichen Märchen unter thematischem Gesichtspunkt, dann ergeben sich signifikante Unterschiede zwischen Mädchen und Jungen auf dem 1 %-Niveau. Die Jungen erfinden mitunter die skurrilsten und heikelsten Abenteuer, damit ihr Held sich auszeichnen kann und seine Anerkennung oder Ich-Bestätigung in der außergewöhnlichen Leistung findet. Die Märchen der Mädchen sind hingegen vorwiegend auf Partnerschaft orientiert. Themen wie Liebe, Erotik, Verführung kommt in ihren Märchen – in direkter oder sublimierter Form – eine ungewöhnlich große Bedeutung zu. Viele ihrer Märchen sind reine Liebesgeschichten in märchenhaftem Gewand.

Selbstbehauptung und partnerschaftliche Bindung sind die beiden Fixpunkte, um die die Märchenphantasie der Kinder kreisen, und jedes Geschlecht ist auf sein Thema festgelegt; Grenzüberschreitungen gibt es nur selten, und zwar bei den Mädchen eher als bei den Jungen. Die Kinder scheinen daran wie an ein Prinzip gebunden, das ihre Phantasie unausweichlich in eine der beiden Richtungen lenkt.

Setzt man diese wenigen Ergebnisse (die sich durch eine Fülle weiterer mühelos ergänzen ließen) nun ins Verhältnis zu Ergebnissen, die soziologische Untersuchungen zum Leseverhalten von Erwachsenen erbrachten, so zeigen sich verblüffende Ähnlichkeiten. So finden beispielsweise die für die Märchen der Jungen charakteristischen inhaltlich-thematischen Bezugspunkte (auf physische Auseinandersetzung fixierte Bewährung, Konfliktzuspitzung, Lust an der Gefahr, am Risiko, Suche nach der Ich-Bestätigung in der Konfrontation) gekoppelt mit einer Art der Darstellung, die sich in ausgetüftelten technischen Tricks ergeht, in akribischen Maß- und Zeitangaben, diese Art des »männlichen« Phantasierens also findet seine Entsprechung in Präferenzen, die sich im Leseverhalten

von Männern und Adoleszenten zeigen. Sie bevorzugen Sachbücher und populärwissenschaftliche Literatur, Abenteuer- und Kriminalromane, Reise- und Expeditionsschilderungen und historische Romane (Löffler 1989, 140). Liebes- und Eheromane rutschen bei ihnen ganz in den Keller, d.h. auf den drittletzten Platz einer Folge von 19 Indikatoren, nur noch gefolgt von Märchen/Sagen und Kinderliteratur (Sommer/Löffler/Walter/Scherf [Hrsg.] 1978, 547).
Die Frauen zeigen ein anderes Leseprofil. Sie bevorzugen Liebes- und Eheromane, Reise- und Expeditionsschilderungen, Lebensschicksale in anderen Ländern, Tiergeschichten und biografische Literatur. (Märchen kommen bei ihnen auf den 7. Platz bei 19 Indikatoren.) »Das verweist auf ein starkes Interesse (der Frauen – K.W.) an Problemen des Individuums, auch hier gekoppelt mit dem Bedürfnis nach Welterleben (...) An den Rand gedrängt sind Aktion und Spannung. Auffällig ist die starke Bevorzugung von Liebes- und Eheromanen ...« (Löffler 1988, 140) – eine Aussage, die wiederum mit Grundtendenzen der von den Mädchen geschriebenen Märchen korrespondiert, nämlich der Fixierung der Phantasie auf partnerschaftliche Bindung, Erotik, prosoziales Verhalten, Mütterlichkeit. Daß Frauen auch an Reise- und Expeditionsliteratur ein besonderes Vergnügen haben und junge Mädchen an Abenteuerliteratur, wie Untersuchungen zum Leseverhalten junger Leute in der DDR und der BRD gleichermaßen bestätigen, das entspricht nun wiederum genau jener handfesten Tatbereitschaft und aktiven Selbstbehauptung bzw. Glückssuche, mit der die Heldinnen in den Märchen der Mädchen ihr Schicksal angehen. Ihr Platz ist nicht Aschenputtels Herd; ihre Mentalität ist unvereinbar mit Stillhalten und Abwarten. Die Phantasie der Mädchen ist nicht domestiziert, sondern greift, wie die der Jungen, hinaus in die Welt und sucht dort das Wagnis der Selbstfindung. Hier brechen bereits die 8- bis 10jährigen aus tradierten Rollenstereotypen aus und versagen ihnen die Nachfolge.
So läßt sich vermuten, daß dieser geschlechtsabhängige Zugriff zur Literatur bereits festgelegt ist, bevor die Kinder

überhaupt mit Literatur in Gestalt des Märchens in Berührung kommen. Frühe geschlechtsgebundene Sozialisationserfahrungen finden dann im Märchen ihre Bestätigung, oder die Angebote der Märchen werden ihnen entsprechend umgewertet und modifiziert (wie im Fall von Passivität versus Aktivität der Heldinnen). Offensichtlich hat bei der Herausbildung des literarischen Interessenprofils die Lebenserfahrung das Primat vor der literarischen Erfahrung. D.h., die Erfahrung aus dem Umgang mit der Literatur wird an die praktisch-geistige Erfahrung im Umgang mit der realen Welt assimiliert. Die im praktischen Lebensvollzug als verbindlich erlebten Normative, Wertvorstellungen und Geschlechterstereotype sind die Linse, durch die Literatur wahrgenommen wird. Sie bestimmen das Brechungsverhältnis. Die Beziehung zur Literatur wird nicht primär bestimmt durch die Literatur selbst, sondern durch die im Alltag wirksamen ideellen und normativen Orientierungen. Die Art des Lebens bestimmt die Art des Lesens.

Die bisherigen Betrachtungen waren einseitig, da sie nur den Leser im Blick hatten. Die Rezeptionsvorgabe erschien lediglich als Resultat der subjektiven »Anverwandlung«, als ein von einem individuellen Bewußtsein rezipierter und verarbeiteter Text. Daß eine solche Betrachtung für eine konsequente Empirisierung literaturwissenschaftlicher Fragestellungen fruchtbar ist, haben die wenigen hier dargestellten Ergebnisse sicherlich deutlich werden lassen. Aber Rezeption geschieht bekanntlich nicht beliebig. Sie kann nur in den Grenzen und Möglichkeiten des Textes erfolgen (Naumann 1984). So, wie die Wahrnehmung eines Textes als Text immer gebunden ist an einen kognitiven und emotionalen Bereich und von kognitiven Strategien und emotionalen Wertungen abhängt, über die ein Individuum verfügt (S.J. Schmidt 1987, 30), so ist sie gleichzeitig gebunden an strukturelle, thematische und genrespezifische Eigentümlichkeiten des Textes. Ohne Berücksichtigung des Textfaktors läßt sich also auch unsere Frage nach frühen Prägungen nicht hinreichend erklären. So muß untersucht werden, ob es Merkmale gibt, die sowohl für das Märchen als auch für die populäre Unterhaltungsliteratur, auf die wir uns hier beschränken, Verbindlichkeit besitzen. Tatsächlich lassen sich für beide Textsorten drei analoge strukturelle Ebenen ausmachen.

1. Beiden gemeinsam sind zunächst Wirkungsstrukturen, die auf der Dialektik von Wiederholung und Variation, Redundanz und Information sowie Spannung und Entspannung aufbauen. Vergleiche zwischen dem Märchen, dem mittelalterlichen Artus- und Ritterroman, dem modernen Abenteuer- und Kriminalroman ergaben, daß die von den Kindern gehandhabte Basisformel 1 – also Schädigung – Kampf/Sieg – Liquidierung des Schadens (um in der geläufigen Bezeichnung der Funktion zu bleiben) – für alle genannten Genres gleichermaßen konstitutiv sind (Nolting-Hauff 1974), und die Basisformel 2 – also Isolierung – Deprivation – Erlösung – für den trivialen Ehe- und Liebesroman. Die Schicksalswege eines James Bond oder einer Heldin der Heftchenromane sind nach den gleichen Grundmustern gestrickt wie die Märchen: Ein plötzlich hereinbrechendes Desaster treibt die Hauptfigur in einen Zustand von (existentieller) Not, dessen sie sich – immer mit geschlechtstypischen Strategien! – erwehrt. Diese Formen der Bewährung können dann vielfach variiert und wiederholt werden. Am Ende leuchtet Versöhnung mit dem Schicksal auf, Erfolg und happy end, die Welt verwandelt sich in einen Zustand spannungs- und konfliktfreier Harmonie.

Die Vitalität dieser nicht eben exklusiven Muster erklärt sich einzig aus ihrer Einfachheit. Sie ermöglichen eine unendliche Kette an Variationen. Jede Geschichte dieses Typs ist eine besondere, einmalige Partie des gleichen Spiels, das eben auf der Dialektik von Wiederholung und Variation beruht. Es ist das gleiche und doch immer ein anderes Spiel. Der Leser wird immer das Vergnügen finden, Bekanntes, Erwartetes wiederzuentdecken. Und gleichzeitig garantiert die Wandlungsfähigkeit dieser Muster, daß ein bestimmtes Maß an Neuheit seine Neugier wachhält und ihn vor Verdruß oder Langeweile bewahrt.

Gleiches gilt für das Verhältnis von Redundanz und Information und in besonderem Maße für die Einheit von Spannung und Entspannung: Wie im Spiel werden in der Rezeption von Märchen und/oder Unterhaltungsliteratur selbst hohe Spannungsgrade als lustvoll oder zumindest anregend empfunden, da sie nicht der Gefahr unterliegen, außer Kontrolle zu geraten. In der »Kippschwingung« von wiederkehrendem Spannungsanstieg und -abfall (jenem von Heckhausen als »Aktivierungszirkel« bezeichneten Grundprinzip des Spiels – Heckhausen 1963/64) liegt die Suggestivkraft dieser Muster, die den Leser in ein Spannungsfeld hineinziehen, das er in der Realität fliehen würde. Er sucht und genießt die Zuspitzung der Gefahr, des Risikos, da es nicht mit realen Risiken verbunden und die positive Auflösung der Spannung gesichert ist.

2. Neben diesen Wirkungsstrukturen sind die Parallelen im Bereich der Textstruktur überdeutlich. Nusser identifizierte für die Trivialliteratur folgende dreigliedrige Text-Strategie (zitiert nach Groeben/Vorderer 1988, 166): In der ersten Phase entdeckt sich der Leser weitestgehend in den dargestellten situativen Gegebenheiten, Konfliktkonstellationen, Personencharakteristika und Urteilsstrukturen wieder. In der zweiten Phase werden über Aktionismen, also sinnlich nachvollziehbare Handlungen, allgemeine Ängste des Lesers aufgefangen; einer deutlich konturierten Feind-Figur steht eine, in ihrer Kompetenz für die Bewältigung der angstauslösenden Probleme überbewertete (Identifikations-)Figur gegenüber. Auf die Darstellung von Zusammenhängen und Motivierungen wird weitestgehend verzichtet. In der dritten Phase findet der Leser seinen Normenhorizont bestätigt: Auch wenn sich die äußeren Lebensumstände des Helden verändert haben, bleibt das alte Ordnungsgefüge des Weltzustandes unangetastet.

Es läßt sich unschwer erkennen, daß das Märchen nach den gleichen Regeln konstruiert ist: Zunächst findet der Leser immer sich selbst in der Ausgangskonstellation wieder. Die Konflikte und Personencharakteristika sind derart exemplarisch, daß sie – wie im Horoskop – auf jeden zutreffen können. In der zweiten Phase findet jene Emotionalisierung statt, die in den – wiederum exemplarischen – Ängsten des Lesers ihr Echo finden. Diese Ängste werden aufgespalten – in einen Antagonisten mit eindeutiger Feind-Valenz und den Protagonisten mit hinreichenden, über alle Zweifel erhabenen Potenzen, die die Überwindung der angstbesetzten Situation garantieren. In der dritten Phase ist die Welt wieder so eingerenkt, wie es dem Normenhorizont des (Märchen-)Lesers entspricht: oben und unten haben lediglich die Plätze getauscht, die hierarchische Gliederung der Gesellschaft bleibt unangetastet. Demokratische Gesellschaftsentwürfe sind mit dem Weltbild des Märchens ganz und gar unvereinbar.

Kennzeichnend für diese, sowohl für das Märchen als für die Unterhaltungsliteratur charakteristische Textstruktur ist die Betonung der Aktion, bei der das Wie über das Was gestellt wird. Die Darstellung orientiert sich an der instrumentellen Bewältigung der Realität (Löffler 1989, 281). Psychologischen Motivierungen oder Zusammenhängen wird nicht nachgefragt – auch das ein Bestimmungsmerkmal des Märchens, denn es schert sich nicht um Begründungen oder Kausalität. Es hat, wie Lüthi sagt, »scharfe Gelenke«. Wenn Innerpsychisches artikuliert wird, dann auf der Ebene der äußeren Handlung. Eben diese Strukturen werden offensichtlich früh verinnerlicht und relativ ungebrochen bis ins Erwachsenenalter mitgenommen. Denn »bevorzugt gelesen werden (von Erwachsenen) an Begebenheiten und Aktionen reiche Darstellungen, die eine klare und überschaubare Handlungsführung aufweisen. Romane mit komplizierten Erzählstrukturen – ... – sind in der Massenlektüre kaum vertreten. In den bevorzugt gelesenen Romanen organisiert sich eine Handlung um eine oder mehrere zentrale Figuren, die sich aktiv mit der Welt auseinandersetzen ... Zugespitzte Konflikte und Konstellationen sind die Folge ...« (Löffler 1989, 143).

3. Eine weitere Übereinstimmung findet sich in der Struktur des Weltbildes, das dem Märchen wie der populären Unterhaltungsliteratur zugrunde liegt. Es läßt sich auf die simple For-

mel bringen: Beide Textsorten kommen ohne Widerspruch aus. Der Widerspruch wird ersetzt durch einander ausschließende Gegensätze. Im Märchen sind Gut und Böse, Glück und Unglück, oben und unten fein säuberlich voneinander geschieden (Fühmann 1983, 82). Es gibt weder Zwischentöne noch Vermittlungen. Die Vorstellung vom Menschen als janusköpfigem Wesen und von der Verletzlichkeit des Glücks findet im Märchen keine Duldung. Stattdessen behauptet sich die Vorstellung von einer polaren Symmetrie, die von Absolutem ausgeht: die Lebenslage ist entweder ganz und gar ausweglos und schrecklich oder ganz und gar glücklich; die Protagonisten sind entweder schwarz oder weiß; wer am Ende auf den Thron kommt, bleibt darauf bis in alle Ewigkeit.

In dieser naiven Symmetrie erscheint die Welt stabil und das Glück zuverlässig. Die für das Kind auf diese Weise gewonnene Orientierung ist seinem Erfahrungshorizont wohl angemessen; sie ist ein Prinzip, das ihm als Welterklärungsmodell zunächst dienlich und hilfreich ist. Beim Erwachsenen erscheint es als Konservierung eines infantilen Bewußtseinszustandes. Vermutlich lebt in jedem Erwachsenen die kindliche Sehnsucht nach der heilen Welt fort und klingt immer dann wieder auf, wenn er mit dem Märchen in Berührung kommt. Es ist das Kind in uns, das dann seine Stimme erhebt und uns zurück(ver)führt in eine Welt, die nach einem dualen Gliederungsprinzip geordnet erscheint und Harmonie nicht nur verspricht, sondern immer auch einlöst.

In diesen Analogien von Wirkungs-, Text- und Weltbildstruktur erscheint die populäre Unterhaltungsliteratur zwingend als direkte Fortführung des Märchens, und tatsächlich haben sich diese Strukturen historisch aus denen des Märchens entwickelt. So hätte Hedwig Courths-Mahler wohl den Nagel auf den Kopf getroffen, als sie von sich sagte, sie schreibe nur Märchen für große Kinder. Dennoch halte ich eine direkte Herleitung der Neigung zur Unterhaltungsliteratur aus dem Umgang mit dem Märchen in der Kindheit für problematisch, und zwar aus folgenden drei Gründen:

Erstens: Triviale Muster werden auch dort ihre Wirkung nicht verfehlen, wo es in der Kindheit keine oder nur flüchtige Begegnungen mit dem Märchen gab. Die Anfälligkeit gegenüber diesen Mustern bedarf keiner literarischen Vorleistung, wie in Zusammenhang mit der Zeitlosigkeit und Vitalität der beschriebenen Märchenmuster bereits angedeutet.

Zweitens: Nicht alle intensiven Märchenleser landen bei der Unterhaltungsliteratur – im Gegenteil. Die Literaturgeschichte und Leserbiografien zeigen, daß Erwachsene mit subtilem literarischem Geschmack in ihrer Kindheit mitunter ganz im Reich des Märchens versunken lebten und dennoch keinen Schaden an ihrer literarischen Bildung nahmen (Steinlein 1987, Noltenius 1989), einer Bildung, die jedoch *nur* in Korrespondenz mit umfänglicher Aneignung von Weltwissen und differenzierten Sozialerfahrungen zur Entfaltung kommen konnte. Das Ausbrechen aus den elementaren Mustern bzw. deren Aufhebung im Hegelschen Sinne ist nur erklärlich aus der Dialektik von Lebens- und Kunsterfahrung. Auch hier arbeitet das Leben dem Lesen vor.

Drittens: Fraglich ist, ob die psychologische Funktion der kindlichen Märchenrezeption vergleichbar oder identisch ist mit dem Gebrauch, den Erwachsene von der Unterhaltungslektüre machen. Meine Märchenuntersuchung legt den Schluß nahe, daß die Kinder über das Märchen nicht nur ihr Bedürfnis nach Spannung befriedigen, sondern vor allem das Bedürfnis nach Selbstbestätigung (in je geschlechtstypischer Ausprägung), das Bedürfnis nach spielerischer Bewältigung von Ohnmachts- und Deprivationskonflikten, nach ungeteilter Ich-Akzeptanz und ungeteiltem Glück – in diesem Sinne also nach Daseinssteigerung. Bei den Kindern findet das subversive Potential des Volksmärchens seine Revitalisierung. Das Spiel im Regelwerk des Märchens ist für sie kein Narkotikum, es ist vielmehr ein Sich-Aufbäumen gegen Ohnmacht, Angst, Zwänge, Demütigungen, ein Beschwören der eigenen Größe, Allmacht des Glücks. Es ist ein geistiges Spiel mit utopischen Alternativen gegen erlebte Erfahrung. (Der Unterschied zum tradierten Volksmärchen liegt im sozialen Referenzrahmen: die

Kinder phantasieren innerhalb ihrer individuellen Sozialerfahrung, für die erwachsenen Träger der Märchenkultur waren Märchen Projektionen kollektiver, an eine bestimmte historische und soziale Gemeinschaft gebundene Erfahrungswerte und Utopievorstellungen.) Sie sind für die Kinder nicht Trost oder Vertröstung, sondern Verwandlung der Wirklichkeit, rebellische Träume von einer Welt, die *für* das Kind eingerichtet ist, seinen Ansprüchen, Sehnsüchten und Hoffnungen gemäß. Nun wird zwar in der Trivialliteraturforschung mitunter auch eingeräumt, daß im Eskapismus – als psychologischer Funktion der Unterhaltungsliteratur – auch die »konstruktive Möglichkeit enthalten ist, durch die bewußt hergestellte Distanz zu den aktuellen Realitäts- und Handlungszwängen alternative – und somit ›systemtranszendierende‹ – Lebensentwürfe zu entwickeln und zu planen« (Groeben/Vorderer 1988, 144/145). Ob allerdings die Muster der populären Unterhaltungsliteratur tatsächlich in diesen Funktionszusammenhang gebracht werden können, müßte empirisch überprüft werden. So gibt Löffler zumindest in bezug auf den Abenteuerroman zu bedenken, daß »die für die Abenteuerliteratur hin und wieder in Anspruch genommene Erweiterung der Erkenntnisse über Welt und Geschichte (...) nicht statt(findet), noch weniger ein neuer Blick auf gesellschaftliche Realität (...). Der Auftrag der Literatur aber war und bleibt, Welt durchschaubar zu machen, Welt zu erklären, im weitesten Sinne aufklärerisch zu wirken. Diesem Auftrag kommt die Abenteuerliteratur nicht nach, ja sie verrät ihn teilweise« (Löffler 1989, 153/154). Es kann als gesichert angenommen werden, daß die zitierte Bedeutung des Eskapismus-Konstruktes die kindliche Märchenrezeption treffend erfaßt. Bei Erwachsenen allerdings bedarf es dazu vermutlich anderer literarischer Modelle. So ist auch anzunehmen, daß die am Märchen geschulten Bedürfnisse später nicht in der Unterhaltungsliteratur aufgehen. Wer gelernt hat, mit den Märchenhelden/innen in die Abgründe der Furcht hinabzusteigen, sich nicht aufzugeben, die Welt umzustülpen und ihr eine Alternative zu geben, der mag wohl prädestiniert sein für eine Literatur, die mehr bietet als Surrogate.

Wer gelernt hat, sich leicht und vertraut in den Fiktionen des Märchens zu bewegen, den mag – so läßt sich zumindest vermuten – die Lust am Spiel mit Symbolen, Metaphern und Bildern selbst in unvertrauter poetischer Sprache »zugewachsen« sein.

Will man also die Frage nach frühen literarischen Prägungen gültig beantworten, so reicht die Gegenüberstellung von relevanten Aspekten des Leseverhaltens von Kindern und Erwachsenen und der Vergleich zwischen strukturellen Invarianten des Märchens und der populären Unterhaltungsliteratur nicht aus. Es fehlt das Zwischenglied, also der Entwicklungsprozeß, der den altersabhängigen Funktions- und Strukturwandel im Umgang mit Literatur kenntlich macht. Hierfür wären Langzeituntersuchungen unerläßlich, in denen die literarische Entwicklung des Kindes in Korrespondenz mit seiner geistigen, emotionalen und sozialen Entwicklung bis ins Erwachsenenalter hinein verfolgt wird. In einer solchen Untersuchung, die sich über einen Zeitraum von ca. 15 Jahren erstrecken (also etwa vom 10.–25. Lebensjahr) und ein hinreichend repräsentatives sample erfassen müßte, wären dann unterschiedliche Persönlichkeitsvariablen und Sozialbereiche des kindlichen Probanden zu erfassen und in festgelegten Intervallen anhand eines identischen oder vergleichbaren Untersuchungsdesigns zu verfolgen. Zu erfassen wären z.B.:
- das soziokulturelle Umfeld: Soziologie und kulturelles Niveau der Herkunftsfamilie, Stellung des Probanden in der Familie und in der Geschwisterreihe, Erziehungsstil, Anregungspotential, familiäre Orientierungspersonen u.a.;
- Soziologie und kulturelles Niveau der Schule, Stellung des Probanden im Klassenverband, Schulleistung, Leistungsmotivation und -verhalten, Lehrer-Schüler-Verhältnis, schulische Orientierungsperson u.a.;
- Soziologie und kulturelles Niveau der peer group, Normgefüge, Stellung des Probanden in der Gruppenhierarchie, Orientierungsperson aus der Gruppe u.a.;
- Freizeitverhalten in seiner qualitativen und quantitativen Ausprägung (dabei Stellung des Lesens);

- psychologische Persönlichkeitsvariablen: extravertiert-introvertiert, dominant-subordiniert, aggressiv-kooperativ, aktiv-passiv, kreativ-rigid u.a.

In Intervallen müßten diese Daten jeweils neu erhoben und sowohl interindividuell als auch intraindividuell korrelliert werden. So ließen sich Entwicklungsverläufe in der Dialektik von Kontinuität und Diskontinuität verfolgen, intervenierende Variablen herausfiltern, die zu Brüchen und Neuorientierungen führen, und Langzeitwirkungen bestimmter prägender Erlebnisse oder Bezugspersonen empirisch exakt erfassen. Nur über eine derart komplexe Untersuchungsstrategie ließen sich hinreichend gesicherte Erkenntnisse über literarische Entwicklungsverläufe und deren Determinanten gewinnen. Der Nutzen sowohl für die literaturwissenschaftliche Theoriebildung als auch für die Literaturdidaktik und die Erziehungswissenschaften liegen auf der Hand.

## Literatur

Baumgärtner, Alfred C./Maier, Karl A. (Hrsg.): Mythen, Märchen und moderne Zeiten. Beiträge zur Kinder- und Jugendliteratur. In: Schriftenreihe der Deutschen Akademie für Kinder und Jugendliteratur Volkach e.V.. Würzburg 1987.
Bottigheimer, Ruth B.: Grimms' Bad Girls and Bold Boys. The Moral and Social Vision of the Tales. New Haven/London 1987.
Dahrendorf, Malte: Kinder- und Jugendliteratur im bürgerlichen Zeitalter. Königstein/Ts. 1980.
Doderer, Klaus (Hrsg.): Über Märchen für Kinder von heute. Weinheim/Basel 1983.
Dundes, Alan: The Morphology of North American Indian Folktales. Helsinki 1964.
Federspiel, Christa: Vom Volksmärchen zum Kindermärchen. Wien 1968.
Fühmann, Franz: Das mythische Element in der Literatur. In: Fühmann, Franz: Essays, Gespräche, Aufsätze 1964–1981. Rostock 1983.
Göhler, Helmut/Lindner, Bernd/Löffler, Dietrich (Hrsg.): Buch – Lektüre – Leser. Erkundungen zum Lesen. Berlin/Weimar 1989.
Groeben, Norbert/Vorderer, Peter: Leserpsychologie: Lesemotivation – Lektürewirkung. München 1988.

Heckhausen, Heinz: Entwurf einer Psychologie des Spiels. In: Psychologische Forschung. 27 (1964/64).
Hoffmann, Joachim: Das aktive Gedächtnis. Berlin 1983.
Holbek, Bengt: Interpretation of Fairy Tales. Helsinki 1987 (FFC Nr. 239).
Hüttner, Hannes/Levenhagen, Jutta/Matthies, Marion: Was lesen unsere Kinder? Berlin 1977.
Hüttner, Hannes: Lesen im Kindesalter. In: Göhler, H./Lindner, B./Löffler, D. (Hrsg.): Buch – Lektüre – Leser. Berlin/Weimar 1989.
Hurrelmann, Bettina (Hrsg.): Kinderliteratur und Rezeption. Baltmannsweiler 1980.
Klix, Friedhart: Information und Verhalten. Berlin 1973.
Klix, Friedhart (Hrsg.): Psychologische Beiträge zur Analyse kognitiver Prozesse. Berlin 1976.
Köngäs-Marada, Elli/Maranda, Pierre: Structural Models in Folklore and Transformational Essays. The Hague/Paris 1971.
Lindner, Bernd/Karig, Ute: ...und auch Bücher. In: Beiträge zur Kinder- und Jugendliteratur 95 (1990). Berlin 1990.
Löffler, Dietrich: Leseverhalten Erwachsener. In: Göhler, H./Lindner, B./Löffler, D. (Hrsg.): Buch – Lektüre – Lesen. Berlin/Weimar 1989.
Lüthi, Max: Es war einmal. Vom Wesen des Volksmärchens. Göttingen 1964.
Meletinskij, Eleasar M.: Zur strukturell-typologischen Erforschung des Volksmärchens. In: Jahrbuch für Volkskund. 15 (1969) 1. S. 1–31.
Misch, Anneliese/Schreiter, Ruth: Untersuchungen zum Stand der Entwicklung und Differenzierung der Leseinteressen und des Leseverhaltens von Schülern der Klassen 1.- 4. Berlin 1979. Akademie der Pädagogischen Wissenschaften der DDR, Diss. A.
Naumann, Manfred: Blickpunkt Leser. Leipzig 1984.
Noltenius, Rainer (Hrsg.): Alltag, Traum und Utopie. Lesegeschichten – Lebensgeschichten. Essen 1989.
Nolting-Hauff, Ilse: Märchen und Märchenroman. In: Poetica 1; 6/1974.
Propp, Vladimir: Morphologie des Märchens. Frankfurt/M. 1975.
Psaar, Werner; Klein, Manfred: Wer hat Angst vor der bösen Geiß? Braunschweig 1980.
Schmidt, Siegfried J.: Grundriß der Empirischen Literaturwissenschaft. Bd. 2. Braunschweig/Wiesbaden 1982.
Sommer, Dieter/Löffler, Dietrich/Walter, Achim/Scherf, Eva Maria (Hrsg.): Funktion und Wirkung. Soziologische Untersuchungen zur Literatur und Kunst. Berlin/Weimar 1978.
Steinlein, Rüdiger: Die domestizierte Phantasie. Studien zur Kinderliteratur, Kinderlektüre und Literaturpädagogik des 18. und frühen 19. Jahrhunderts. Heidelberg: Winter, 1987.
Tatar, Maria: The Hard Facts of the Grimms' Fairy Tales. Princeton 1987.
Zipes, Jack: The Brothers Grimm. From Enchanted Forests to the Modern World. New York/London 1988.

Johannes Merkel

# Die Resonanz zwischen Erzähler und kindlichem Publikum

Mündliches Erzählen als Kommunikationsform angesichts der audiovisuellen Medien

Von einem englischen Geschichtenerzähler, im Hauptberuf Handelsvertreter für Schuhe, lese ich, Geschichtenerzählen unterscheide sich im Grunde nicht vom Schuhverkauf. Ich fürchte, ich würde mich schwer tun, Schuhe an den Mann zu bringen, dennoch habe ich kaum Probleme, meine Geschichten loszuwerden. Und vielleicht könnte ich nun mit gleichem Recht behaupten, an einer Universität zu lehren, unterscheide sich schließlich kaum vom Geschichtenerzählen. Tatsächlich gibt es Lehrveranstaltungen, die ich statt etwas abgespannt eine Erholungspause zu suchen fröhlich und mit beschwingten Schritten verlasse, irgendwie aufgeladen und genau mit dem fast körperlichen Wohlgefühl, das ich meist von meinen bescheidenen Erzählauftritten vor Kindern mit nach Hause bringe. Leider passiert mir das im akademischen Lehrbetrieb nur in den wenigen Sternstunden, in denen mir gesammeltes Interesse entgegenschlägt, der Funke überspringt, und ich auf schwer faßbare Weise auf der richtigen Wellenlänge liege. – Bei der Suche nach dem passenden Ausdruck merke ich, wie schwer ich in Worten zu fassen bekomme, was ich gefühlsmäßig unabweisbar spüre. Nun, Studenten sind keine Kinder, und Kinder halten mit ihren Gefühlen nicht hinterm Berg, sind begeisterungsfähig und spontan. Aber ich erzähle auch gelegentlich in Lehrveranstaltungen, die Erzählen zum Gegenstand haben, und vorausgesetzt, die Lehrperson kommt dem Erzähler nicht in die Quere, stellt sich dabei eine ähnlich gelöste Atmosphäre ein, und sie wird kaum davon beeinträchtigt, daß die Reaktionen verhaltener bleiben.

Ich könnte natürlich diese für den Erzähler schmeichelhaften Erfahrungen einfach meinen bezaubernden Erzählungen zuguteschreiben oder meiner einfühlsamen differenzierten Erzählkunst. Nichts gegen hintersinnige Geschichten oder künstlerisches Erzählen, aber die Ehrlichkeit gebietet, eine oft gemachte und für den Erzähler weniger schmeichelhafte Erfahrung ins Spiel zu bringen: nämlich daß man so gut wie immer und mit jeder Geschichte irgendwie ankommt. Tatsächlich ist es erstaunlich schwer, Kindern mit einer mäßigen Geschichte, ja selbst durch monotones Erzählen den Spaß am Erzählen zu verderben. Oder in den Worten eines Freundes, der seit Jahren als Berufserzähler lebt: »Ich kann erzählen, was ich will, die finden das immer gut«. Diese Erfahrung ist irritierend, weil man als Erzähler natürlich seine Geschichte liebt, und zumindest als Amateur auch rasch bemerkt, daß sie einem desto besser im Mund liegt und desto glatter von der Hand geht, je mehr man von ihr überzeugt ist.

Ich behaupte hier natürlich nicht, Witz und Hintersinn einer Geschichte spielten keine Rolle. Aber mündliches Erzählen scheint doch für Kinder – und wohl nicht nur für Kinder – unabhängig von allem Erzählten so anziehend zu sein, daß auch eine bescheidene oder schlechte Geschichte noch genossen werden kann, ja selbst ein fahriger Erzähler. Was könnte diese Attraktivität der ›Kommunikationsform‹ Erzählen ausmachen? Nun, ich vermute – man wird es ahnen –, daß sie in der besonderen Atmosphäre liegt, die sich beim Erzählen einstellt und die von allen Beteiligten – Erzähler wie Hörern – gleichermaßen als sehr befriedigend empfunden wird.

Beim Nachdenken darüber, was sich beim Erzählen zwischen dem Erzähler und seinem Publikum abspielt, kommen mir Kinder in den Sinn, an denen ich die von mir erzählend benutzten Gesten und Gesichtsausdrücke wiederentdecke, vorzugsweise an den Stellen, wo es »spannend« wird. Sicher, das sind immer nur einzelne Kinder und erklärt wenig über das »Gemeinschaftserlebnis« einer Erzählrunde. (Man beachte in diesem Zusammenhang, daß einige Landbewohner, die sich in vorindustriellen Zeiten zum Hören einer Erzählung trafen, in der volkskundlichen Literatur nicht eine Erzählgruppe bilden, sondern eine »Erzählgemeinschaft« formen.) Aber es erinnert an Beobachtungen zur nonverbalen Kommunikation, nach denen Gesprächspartner bei intensiven Gesprächen auffallend oft parallele oder spiegelbildliche Körperhaltungen einnehmen, und sich damit hohe Übereinstimmung signalisieren. In einer Erzählrunde passiert das nur gelegentlich, und nur bei wenigen Zuhörern (besser sollte ich sagen Zuschauern), und kann daher kaum das Gefühl begründen, irgendwie auf der gleichen Welle zu liegen. Immerhin verweist es nicht auf vor der sprachlichen Verständigung liegende nonverbale Mitteilungen, die über die vielfältigen Ausdrucksmöglichkeiten des menschlichen Körpers laufen und die, da unser Bewußtsein vorwiegend sprachlich strukturiert ist, meist auch unterhalb bewußter Wahrnehmung bleiben. Wenn Erzählen für Kinder wirklich schon vor den erzählten, also den vorwiegend sprachlich vermittelten »Inhalten« attraktiv sein sollte, könnte das auf eine unterschwellige vorsprachliche Verständigung zurückgehen. In die gleiche Richtung deutet die Behauptung, die durch das Erzählen geschaffene Atmosphäre wirke geradezu körperlich entspannend.

Wo vorbewußte und unbewußte Vorgänge im Spiele sind, haben sich alltägliche Redensarten oft als wörtlich zutreffend erwiesen. Das stärkt mir den Rücken, die Bemerkung, beim Erzählen irgendwie auf der gleichen Welle zu liegen, versuchsweise ganz wörtlich zu nehmen. Ich vermute also, Publikum und Erzähler würden auf die gleichen Wellenlängen einschwingen, es finde auf geheimnisvolle Weise, eine Art Resonanz zwischen ihnen statt. Natürlich muß ich mir jetzt die Frage gefallen lassen, um welche Wellenlängen und Resonanzen es sich wohl handeln könnte, ich setze mich damit unter einen schwer einzulösenden Beweiszwang und beginne zu ahnen, daß ich mich zu weit vorgewagt habe. Nun, ich will versuchen, wie weit ich dabei komme.

Ich sprach eben von der »Kommunikationsform« Erzählen und deutete damit schon an, wo ich nach Belegen für meine

Behauptungen zu suchen gedenke. Ich stoße dabei auf eine große Schwierigkeit. Die empirische Kommunikationsforschung hat zwar in den letzten Jahrzehnten Funktionsweise, Kontext und soziale Bedeutung mündlicher Rede in zahlreichen und differenzierten Versuchsanordnungen aufhellen können, sie hat aber – meines Wissens jedenfalls – nirgends explizit mündliches Erzählen zum Gegenstand von Untersuchungen gemacht. Allerdings muß ich mich damit noch nicht geschlagen geben, steht doch mündliches Erzählen, vor allem im hier behandelten Falle des Erzählens vor kleinen Gruppen, den umfangreich erforschten Alltagsdialogen nicht so ferne, daß nicht Rückschlüsse zulässig wären.

Da die vermutete »Resonanz« zwischen Erzähler und Zuhörer ein wechselseitiges Geschehen sein muß, sehe ich mich nach Forschungen zum »feedback« zwischen Sprecher und Hörer um, und entdecke eine Untersuchung, die der Situation mündlichen Erzählens ziemlich nahekommt: Um zu erkunden, inwiefern und über welche Kanäle die Rede eines Sprechers von Signalen des Hörers beeinflußt wird und welche Rückwirkungen seine Einflußnahme auf das Kommunikationsgeschehen hat, wurden Filme von zwei Hörern nacherzählt, einem davon in einer normalen »face-to-face«-Kommunikation, während der zweite die Erzählung ohne Sichtkontakt belauschte, und damit keine Feedbacksignale geben konnte. Bei diesen Signalen handelt es sich um »die kurzen visuellen und verbalen Anmerkungen, die ein Hörer während der Rede des Sprechers macht, ohne damit die Sprecherrolle zu übernehmen. Sie schließen klärende Fragen, kurze verbale Antworten wie Jawohl oder M-hmm und dergleichen, Kopfnicken, kurzes Lächeln, Wiederholungen der Worte des Sprechers und kurze Satzergänzungen ein« (Kraut 1986, 719).

Die statistische Auswertung führte zu Ergebnissen, die sicher auf mündliches Erzählen vor kleinem Publikum übertragbar und aussagekräftig sind: »Im allgemeinen zeigen die Resultate, daß je mehr Feedback ein Redner von seinem Partner bekam, desto besser verstand der Zuhörer die Nacherzählung und war umso mehr davon beeinflußt« (Kraut et al. 1986,

723). Zwischen dem mit normalen Feedback-Reaktionen Zuhörenden und dem heimlichen Lauscher ergaben sich deutliche Unterschiede. Erstens im Grad der Befriedigung, die ihnen die Unterhaltung verschaffte, und zweitens in der Fähigkeit, das Gehörte wiederzugeben: »Die Wiedergaben aktiver Zuhörer waren besser als die der bloßen Lauscher« (Kraut 1986, 726). Und die Forscher ziehen daraus den Schluß: »Wir haben gezeigt, daß die Kommunikation desto besser ist (d.h. die Hörer desto mehr Nutzen aus ihr ziehen) je mehr Feedback der Kommunikator erhält. Außerdem haben wir auch gezeigt, daß Feedback die Redeweise zu individualisieren scheint. Denn die Person, die Feedback leistet, profitiert mehr als eine andere Person, die das Gespräch wohl mithören, aber nicht beeinflussen kann (...) So gesehen scheint es, daß Feedback, neben anderen Funktionen, die Informationsdichte der Mitteilung des Sprechenden steuern kann«. (Kraut 1986, 728) Es gibt eine ganze Reihe ähnlich gelagerter Untersuchungen zum Feedback zwischen Sprecher und Hörer in Gesprächssituationen, und sie belegen, daß eine ständige verbale und nonverbale Rückkopplung zwischen dem oder den Zuhörenden und dem Sprechenden stattfand, deren Intensität der Intensität der Kommunikation zu entsprechen scheint und über die jeweils auch der Zeitpunkt des Wechsels von Hörer- und Sprecherrolle verabredet wird.

Natürlich sind labormäßig kontrollierte Versuchsanordnungen zwischen wenigen Gesprächspartner nicht einfach auf meine Situation mündlichen Erzählens vor einer Kindergruppe übertragbar. Dennoch beginnt es beim Lesen solcher Untersuchungsergebnisse bei mir zu »klingeln«: Schier unvermeidlich ergeben sich beim wiederholten Erzählen der gleichen Geschichte je nach Situation und Publikum veränderte »Varianten«. Das mögen oft unbedeutende Abweichungen von der »Standardfassung« sein, darauf kommt es hier nicht an. Die Frage ist vielmehr, was zu solchen Abweichungen veranlaßt, und dabei stoße ich auf schwer benennbare Wahrnehmungen. Beispielsweise glaube ich zu bemerken, wo Verständnis und Aufmerksamkeit meiner Zuhörer nachläßt, fast automatisch mache ich größere Gesten, hebe die Stimme oder schiebe erklärende Passagen ein, Reaktionen also, wie sie beim Sprecher in Alltagsdialogen beobachtet wurden, sobald der Hörer Verständnisschwierigkeiten signalisierte. Ich frage mich aber, wie weit man die Rückkopplungssignale von 30 oder 40 Zuhörern registriert. Oder sind das nur die Rückmeldungen einzelner Hörer, die meine Rede beeinflussen? Mein unbeweisbarer, aber auch unabweisbarer Eindruck ist, daß ich irgendwie die Hörerschaft insgesamt mitbekomme, und wie gut ich meine Sache mache, davon abhängt, wie sehr ich vom Publikum »getragen« werde. Und tatsächlich gibt es – vor Kindern allerdings selten – Situationen, wo nichts mehr läuft, obwohl ich mir mit bewährten Kniffen zu helfen suche. Tatsächlich denke ich, daß dieses Gefühl des Getragenwerdens durch das Publikum mit der Intensität und Häufigkeit der empfangenen Feedback-Signale zu erklären ist. Im Unterschied zur Zweierunterhaltung dürfte allerdings der Anteil der nonverbalen Signale, die vor allem unter der Bewußtseinsschwelle registriert werden, beim Erzählen vor einer Gruppe wesentlich höher liegen. Der Steuerungseffekt für die eigene Redestrategie wird dadurch kaum beeinträchtigt, möglicherweise sogar verstärkt, da er unterschwelliger wirkt, und erzeugt die je nach Situation und Hörerschaft abweichenden und manchmal für den Erzähler selbst überraschenden »Varianten«. Schließlich, glaube ich, auch immer wieder bemerkt zu haben, daß in geglückten »Vorstellungen« erzählte Stories den Kindern besser im Gedächtnis haften bleiben, soweit man das aus Nach- und Miterzählungen entnehmen kann. (Beim mehrmaligen Erzählen frage ich an bestimmten Stellen, wie es weitergegangen ist, und baue die Erzählung einzelner Kinder in meine Erzählung ein.)

Gibt die fortgesetzte Rückmeldung durch die Zuhörer auch eine plausible Erklärung für die vermutete »Resonanz« zwischen Erzähler und Publikum? Wohl kaum. Erstens ist die Aufnahmefähigkeit und damit die Reaktionsmöglichkeit des Sprechers/Erzählers auf die Feedbacksignale einer größeren Gruppe sicher beschränkt. Auch wenn man eine höhere Registrierung bei unterschwelliger vorbewußter Wahrnehmung annimmt, wird er immer nur einen Teil der Signale wahrnehmen können. Bei den Hörern dürfte die Intensität der Rückmeldung individuell und situativ sehr unterschiedlich sein, je nachdem wie sie gerade von der erzählten Passage gefesselt, vom Nachbarn abgelenkt oder mit ihren durch die Erzählung hervorgerufenen Assoziationen beschäftigt sind. Meine durchaus subjektive Beobachtung aber sagt mir, daß sich kaum ein Kind der Begeisterung entzieht, die durch das Erzählen erzeugt wird, und die ich als »Resonanz« zu fassen versuchte und irgendwie im nonverbalen körperlichen Kommunikationsverhalten ansiedelte. Läßt sich diese Vermutung durch kommunikationswissenschaftliche Forschungen unterstützen oder wenigstens plausibel machen?

In einer schon 1966 von Condon und Ogston durchgeführten Untersuchung wurden Dialoge mit einer Kamera gefilmt, die 48 Aufnahmen pro Sekunde festhielt. Dadurch konnte Redefluß und nonverbales Verhalten in Einheiten von 1/48 Sekunde zerlegt, in Zeitlupe ausgewertet und Sprechen detailliert mit körperlichem Verhalten verglichen werden. Es zeigte sich, daß ein Sprecher sich stets auf allen Ebenen körperlichen Ausdrucks im Rhythmus seines eigenen Sprachflusses bewegte, die Autoren sprechen deshalb von einer »Selbstsynchronisierung« des Sprechenden. Aufschlußreicher ist für unser Thema, daß auch die Körperbewegungen der Hörenden dem durch den Sprecher vorgegebenen Rhythmus folgten, die Autoren bezeichnen es als »interaktionale Synchronisierung«. Damit ist allerdings nicht gemeint, daß Gesprächspartner die gleichen Körperbewegungen parallel oder spiegelbildlich ausführten. Vielmehr erfolgten Veränderungen von Körperstellung, Handbewegung, mimischem Ausdruck, also all der vielfältigen nonverbalen Signale, in deutlich feststellbaren rhythmischen Intervallen, die den Segmenten der Sprecherrede zugeordnet werden konnten. Und diese Rhythmisierung des Körperverhaltens des Hörers war stets auf der Mikroebene feststellbar, also bei Zeiteinheiten von Bruchteilen von Sekunden, während die Synchronisierung bei Betrachtung größerer Intervalle fehlen konnte. »Wenn z.B. sich Sprecher und Hörer synchron verhalten, und der Hörer bringt seine Zigarette an die Lippen, zieht daran und senkt die Zigarette wieder, dann werden die wesentlichen Abschnitte dieser Handlung mit den Intervallen des Redeflusses des Sprechers übereinstimmen, aber sie müssen nicht notwendig auch Intervalle im Verhalten des Sprechenden darstellen, beispielsweise seinen Sätzen entsprechen, obwohl das gut möglich ist« (Kendon, 1970, 104).

Diese Synchronisierung der Körperbewegungen von Sprecher wie Hörer durch den Sprecherrhythmus wurde auf der Mikroebene in allen 30 untersuchten Beispielen beobachtet, sie erfolgte scheinbar automatisch und jedenfalls unterhalb der Schwelle bewußter Wahrnehmung, während die bei längeren, damit wohl auch bewußt wahrnehmbaren Intervallen auseinanderlaufen konnte. Leider wurde nur in einem Beispiel das Verhalten einer Gruppe analysiert: Dabei wurden die gleichen Phänomene »auch in einem Film beobachtet, in dem eine Gruppe von sieben Hörern einer achten Person, die redete, zuhörten« (Condon/Ogston, 1966, 342). Ihre Untersuchungsergebnisse führen die Autoren zur Vorstellung, personale Kommunikation erfolge in einer Art »gestischen Tanzens«, in dessen Rhythmus alle bedeutungstragenden verbalen und nonverbalen Zeichen übermittelt werden. Bei der Übernahme der von Condon und Ogston verwendeten Methoden konnten gleiche oder ähnliche Phänomene von verschiedenen Forschern nachgewiesen werden, so daß »gestischer Tanz« als Grundlage des Kommunikationsverhaltens prinzipiell als gesichert angesehen werden darf.

Sicher darf man Analysen von Alltagsdialogen wieder nicht bruchlos aufs Geschichtenerzählen vor Kindern übertragen, wir können aber, vor allem fürs Erzählen vor kleineren Gruppen, ähnliche Phänomene unterstellen. Meine Vermutung, erzählend in »Resonanz« zum Publikum zu treten, wird vom Konzept des »gestischen Tanzens« jedenfalls auffallend bekräftigt. Da seine rhythmischen Einheiten nur Bruchteile von Sekunden zählen, wird er sich unterhalb der Schwelle bewußter Registrierung abspielen, und kann höchstens ein allgemeines Gefühl von Übereinstimmung erzeugen. Im Gegensatz zu den Feedback-Signalen, die individuell unterschiedlich gegeben werden, und die der Erzähler vor einer Gruppe nur in Auswahl registrieren kann, stehen wir hier vor einer generellen Erscheinung, die mehr oder weniger alle Zuhörer erfaßt. Vor allem kann das Einschwingen der Körperbewegungen auf den Rhythmus der Sprecher/Erzähler-Stimme wörtlich als »Resonanz« verstanden werden, und kann mir dann nicht nur den Eindruck verständlich machen, irgendwie »auf der gleichen Welle zu liegen«, sondern vielleicht sogar den (eben immer noch im gemeinsamen Rhythmus erfolgenden) »beschwingten Schritt«, mit dem ich den Ort des Geschehens verlasse.

Meinen Erfahrungen beim Erzählen nachhängend, bleibt eine Frage: In den erwähnten Untersuchungen wurde die Angleichung der Körperrhythmik einseitig an den Sprechrhythmus beschrieben. Ich möchte aber fast behaupten, daß ich meinen Redefluß ständig »rückkoppelnd« an meine Zuhörer anpasse, daß also so etwas wir ein rhythmisches feed-back stattfindet, und das gerade in der einseitigen und unbestrittenen Rolle des Sprechenden, die mir als Erzähler zugestanden wird. Ich kann aber in der mir bekannten kommunikationswissenschaftlichen Literatur keinen Beleg dafür finden, und ich muß meine Behauptung mit einem Fragezeichen stehen lassen.

Auch meine Behauptung, beim Erzählen mit einer Selbstverständlichkeit auf die gleiche Wellenlänge einzuschwingen, mit der ich beim Vortrag nicht rechnen darf, kann ich nicht recht begründen. Formal gleichen sich ja beide Situationen, in beiden Fällen wird dem Sprecher die ausschließliche Rederolle zugestanden, und die Hörer erklären damit ihre Bereitschaft, seinen Worten zu folgen. Warum sollten sie beim Erzählen aber bereit sein in seinen Sprechrhythmus einzuschwingen? Vielleicht hilft folgende Überlegung weiter: Die von Condon/Ogston festgestellte Synchronisierung von Körper- und Sprachrhythmik konnte in machen Untersuchungen nicht generell nachgewiesen werden (z.B. McDowall 1978) und brachte das Konzept des gestischen Tanzes als Grundlage personaler Kommunikation ins Zwielicht. Die Synchronisierung trat aber zwischen Freunden leichter auf als zwischen

Fremden, und ergab sich häufiger als bei umstrittenen, bei glatten Wechseln von Sprecher- und Hörerrolle. Das heißt also, daß sie irgendwie von der Beziehung zwischen den Gesprächsteilnehmern beeinflußt wurde, ja sie vielleicht sogar ausdrückte. Wo sie nicht feststellbar war, kann es möglicherweise daran gelegen haben, »daß die Interaktion in diesen Gesprächen nicht genügend intensiv war, um Synchronisierung zu entwickeln« (Argyle 1988, 119).

Demnach scheint es, daß die rhythmische Übereinstimmung nicht einfach Kennzeichen personaler Kommunikation überhaupt ist, sondern eher eine unterschwellige nonverbale Verständigung herstellt, die wiederum im Rückbezug zur verbalen Verständigung steht. In diese Richtung deuten auch Untersuchungen, die das Ansteigen und Abflauen der Synchronisierung im Verlaufe eines Gesprächs beobachteten. Dafür nur ein kurzes Beispiel: »Synchronisierung der Hörerbewegungen mit den Einheiten der Sprecheräußerungen gegen das Ende einer phonetischen Gliederung kann dazu dienen, dem Sprecher zu signalisieren, daß der Hörer die Sprecheräußerung vor ihrer Beendigung bereits begriffen hat«. (Rosenfeld 1978, 308) Rhythmische Synchronisierung dürfte demnach nicht Grundlage aller personalen Kommunikation sein, ihr mehr oder minder ausgeprägtes Auftreten scheint eher den Grad der Verständigung zwischen den Kommunikationspartnern auszudrücken, die naturgemäß von der Bedeutung der Mitteilung abhängig sein muß. Der Unterschied zwischen Erzählen und Vortrag könnte also damit zusammenhängen, daß der Vortragende an die ›kritische‹ Rationalität des Hörer appelliert, Erzählungen aber ›nur‹ den emotionalen Nachvollzug von Bildern und Handlungen erfordern. Es tauchen also, was in der empirischen Kommunikationswissenschaft leicht übersehen wird, hinter den formalen Strukturen doch wieder soziale und ›inhaltliche‹ Kategorien auf, die letzten Endes das Kommunikationsverhalten steuern.

Es bleibt zu fragen, warum die wechselseitige Rhythmisierung des Körperverhaltens von Kindern – und auch hier wieder nicht nur von Kindern – als befriedigend erlebt wird. Zum

Glück kann ich wieder etwas selbstsicherer argumentieren, indem ich auf die Bedeutung des Rhythmus bei der Entstehung der kindlichen Kommunikationsfähigkeit hinweise. Ich muß dazu allerdings einen kleinen Exkurs machen. Schon das ungeborene Kind macht im Mutterleib grundlegende rhythmische Wahrnehmungen, die zunächst über das Gleichgewichtsorgan, später über das sich früh entwickelnde Gehör registriert werden: rhythmisches Gewiegtwerden beim Gehen, Herzrhythmen, Atemgeräusche. Die dem Ungeborenen vertraute rhythmische Hörwahrnehmung wird mit der Geburt unterbrochen, und es ist bekannt, daß Töne im Taktschlag des gleichmäßigen Pulses schreiende Säuglinge beruhigen. Das Neugeborene scheint zu versuchen, sich diese rhythmische Kulisse selbst herzustellen. So jedenfalls könnte man die Tatsache verstehen, daß bei wenigen Stunden alten Säuglingen klare rhythmische Strukturen in den Schreilauten festgestellt werden. Viel deutlicher hörbar fallen die Lallaute, die etwas später im Zustand des Wohlbehagens auftreten, rhythmisch aus, und die bei hörbarer und sichtbarer Gegenwart der Mutter nachweislich zunehmen.»Einerseits liefern diese Urlaute das Rohmaterial für Sprechübungen, die andererseits dazu dienen, jene in den wohlvertrauten Rhythmus zu integrieren (...). Mit den ersten Lallmonologen ist der erste nachgeburtliche Abschnitt der Stimmentwicklung abgeschlossen. Die ursprünglich kettenförmigen Lautverbindungen werden immer mehr gegliedert, wobei das zunehmende Empfinden des Säuglings für einen Rhythmus mitwirkt. Der ursprünglich enge akustisch-rhythmische Kontakt zwischen Mutter und Kind – der durch die Geburt unterbrochen wurde – ist auf neuer Funktionsebene wieder hergestellt« (Clauser 1971, 99).

Auf der Grundlage der intrauterinen Rhythmuserfahrungen entwickelt sich also fast vom Zeitpunkt der Geburt an eine lautlich-rhythmische Verständigung, die auch von Anfang an das gesamte Körperverhalten umfaßt, und wechselseitig verläuft. Schon in den ersten Tagen nämlich beginnt das Neugeborene, Strampelbewegungen nach dem Rhythmus der mütterlichen Stimme auszurichten (Condon 1974). Und für drei Tage alte Säuglinge ließ sich nachweisen, daß sich die Bewegungsrhythmen von Mutter und Säugling wechselseitig beeinflußten, wenn auch mit einem Übergewicht des mütterlichen Einflusses (Bakeman und Brown 1977). Da die Sehfähigkeit des Neugeborenen noch stark eingeschränkt ist, muß man annehmen, daß die Koordination über die akustischen Kanäle gesteuert wird.

Akustisch-stimmliche Synchronisierung und Feedback stehen also am Beginn der Sprach- und Kommunikationsfähigkeit, dazu kommt mit der Entwicklung der vollen Sehfähigkeit die ständige Rückkopplung über die visuellen Wahrnehmungen. Kommunikative Rückkopplung, Feedback wird nun interessanterweise von Kleinkindern nach Abschluß der eigentlichen Säuglingsphase, also etwa vom 8. Monat an, als Kennzeichen von Lebendigkeit und zur Unterscheidung lebloser von belebten Gegenständen aufgefaßt. So jedenfalls versteht René Spitz die Beobachtung, daß Kinder etwa um den 9. Monat herum, kurz nach der Phase des »Fremdelns«, auf menschenähnliche Gegenstände, beispielsweise Schaufensterpuppen, Masken etc. mit erschreckter Abwendung und häufig mit Weinen reagieren (Spitz 1988, 17f.). Nach dieser Phase lernen sie, solche Gegenstände zur Abfuhr von Emotionen zu benutzen, drücken ihnen gegenüber Zuneigung und Aggressionen aus, wobei sie sichtlich keine Reaktion von ihm erwarten. Der Gegenstand, die Puppe, der Bär usw., bekommt die Bedeutung, die Winnicott als »Übergangsobjekt« charakterisierte.

Man kann natürlich fragen, wie weit dieser Exkurs in die Entstehung der Sprach- und Kommunikationsfähigkeit legitim ist, wenn es um das Kommunikationsverhalten viel älterer Kinder geht. Ich denke schon, in der gesamten kindlichen Entwicklung werden ja immer Rückgriffe, ‚Regressionen', auf die frühen Entwicklungsstufen als lustvoll empfunden. Bezogen auf die Sprachentwicklung beispielsweise verbreitet das sinnlose Geplapper von Fünfjährigen in der Kindergruppe wohliges Vergnügen, und im Grunde stellt es nichts anderes dar, als die Lautübungen des Kleinkindes in der ersten Phase des Spracherwerbs. Ich darf daher wohl auch annehmen, daß die im wechselseitigen rhythmisch-gestischen Tanz erfolgende Kommunikation schon deswegen als lustvoll erlebt wird, weil sie den frühesten kindlichen Kommunikationserfahrungen entspricht. Sie in der (halb-)öffentlichen Kommunikation zwischen Erzähler und Kindergruppe zu erfahren, dürfte außerdem noch als befriedigend wahrgenommen werden, weil im kindlichen Umgang mit Erziehern, Lehrern etc. ganz andere Kommunikationsweisen im Vordergrund stehen (Anweisungen, Erklärungen etc.). Die entspannte Kommunikationssituation mag auch das auffallend gute Gedächtnis verständlich machen, mit dem mündlich Erzähltes behalten wird. Es spricht also tatsächlich einiges dafür, daß die Kommunikationsform Erzählen genossen wird, schon unabhängig davon, wie weit die Erzählung kindlichen Wünschen oder Ängsten Gestalt zu verleihen weiß.

Kinder haben nun allerdings nicht sehr häufig Gelegenheit, im halböffentlichen Rahmen von pädagogischen Institutionen oder im öffentlichen Kindertheater einen leibhaftigen Erzähler mitzubekommen. Dagegen steht ihnen sehr früh ein breites Angebot kommerzieller oder ›pädagogisch wertvoller‹ Medienproduktionen zur Verfügung. Und gerade deshalb schmeichelt es dem Erzähler, daß er – auch das eine immer wieder gemachte Beobachtung – in der Beliebtheit bei seinen Hörern mit den perfektionierten Erzählweisen der Medien mithalten kann, jedenfalls sofern er sein bescheidenes Handwerkszeug benutzt, nicht nur Stimme, sondern auch Hände und Gesicht sprechen läßt und sich auch nicht zu schade ist, gelegentlich etwas zu schauspielern.

Eine einfache und handhabbare Methode für die Wirkung von Medienprodukten liefert der Grad, in dem sie im Gedächtnis bleiben und wiedergegeben werden können, wobei man natürlich die unterschiedlichen sprachlichen Fähigkeiten berücksichtigen muß. Fernsehsendungen zum Beispiel werden oft schon am nächsten Tag sehr subjektiv entstellt wiedergegeben, nach zwei Wochen sind Achtjährige nur noch selten in der Lage, auch nur die Grundstrukturen einer Sendung zutreffend nachzuzeichnen. (Das ändert sich bei mehrmaligem Sehen von Videoaufzeichnungen, die für den Fernsehgebrauch von Kindern einen echten Fortschritt bedeuten.) Dagegen können mündliche Erzählungen schon nach einmaligen Hören mit einer Genauigkeit nacherzählt werden, die bis in einzelne Formulierungen reicht. Selbst nach Jahren werden mündlich erzählte Geschichten in manchen Einzelheiten erinnert, und es ist mir mehrmals passiert, daß mir einer ins Wort fiel mit der Behauptung: »Das hast du aber anders erzählt«, und beim Nachfragen stellte sich heraus, daß er die Erzählung Jahre zuvor gehört hatte.

Wie gut die Geschichten im Gedächtnis gespeichert werden, hängt natürlich zunächst einmal von den Geschichten ab: Davon, wie sehr sie die kindlichen Sinne fesseln, ihre alltäglichen Erfahrungen wiedergeben oder unterschwellige psychische Bilder gestalten. Aber gerade auf diesem Terrain bleibe ich als Erzähler den perfektionierten Produkten der Medienindustrie weit unterlegen. Und man mache es sich nicht so leicht, die »Phantasie«, die der Erzähler provoziert, gegen die »Phantasielosigkeit« der Medien auszuspielen. Es mag im Bereich der Kindermedien viele schlampig gemachte und nur auf Verkäuflichkeit zugeschnittene Produktionen geben, aber das ist bei Kinderbüchern nicht anders. Ihrer medialen Erzählweise nach sind Medien alles andere als phantasietötend: Eine Filmerzählung, an der richtigen Stelle geschnitten, erzeugt eine Kette von Vorstellungen, die das Weglassen ergänzen. (Und übrigens ist es auch beim Erzählen vor allem die Auslassung, die die Phantasie hervorkitzelt.) Dazu kommt, daß Medien sehr viele realistische Informationen transportieren, die sich mosaikartig in den kindlichen Köpfen zu handfesten Kenntnissen zusammensetzen, und auch in dieser Hinsicht finde ich mich als Erzähler eher eingeschränkt: Im Film kann ich mit einem Bild die Umwelt vorindustrieller Bauern darstellen, beim Märchenerzählen scheitere ich oft schon an ganz simplen ländlichen Arbeitsweisen, die heute kein Kind mehr kennen kann, und die ich allenfalls umständlich beschreibend verständlich machen muß. Die Medien liefern Kindern sehr viele

Anregungen, Informationen und Phantasien frei Haus, und es ist kein Wunder, daß sie sich den Medienkonsum von den Pädagogen nicht haben vermiesen lassen.

Daß der schlichte Erzähler, zumindest, was die Beliebigheit bei seinem kindlichen Publikum betrifft, sich gegen die ästhetische und technische Raffinesse der Medien behaupten kann, möchte ich, auch auf die Gefahr hin, aufdringlich zu wirken, wieder auf die andere Kommunikationssituation zurückführen. Einmal auf das ständige Feedback, das den Zuhörern ermöglicht, die Erzählweise zu beeinflussen, und ähnlich wie in der zitierten Untersuchung, die höhere Genauigkeit erklärt, mit der mündliche Erzählungen rezipiert und gespeichert werden. Noch wesentlicher dürfte das wechselseitige Einschwingen auf die gleichen Rhythmen körperlichen Verhaltens sein, die eine körperlich und emotional entspannte Atmosphäre erzeugen, in der die Erzählung sozusagen beiläufig und ohne Anstrengung rezipiert werden kann.

Demgegenüber erlauben alle technisch übermittelten Medien nicht nur kein Feedback, zumindest nicht in der Situation der Rezeption selbst, sie verlangen, was wahrscheinlich schwer ins Gewicht fällt, eine einseitige Anpassung an ihre »Sprache«, die natürlich gleichfalls, sofern sie nicht ganz schlecht gemacht ist, mit rhythmischen Strukturen arbeitet. Aber es ist eben immer eine einseitige Anpassung, die dem Wechselspiel widerspricht, über das das Kind in den ersten Lebensjahren kommunizieren gelernt hat. Und ich bin geneigt, manche Auswirkungen, die man beispielsweise übermäßigem Fernsehkonsum zuschreibt, wie eingeschränkte Spielfähigkeit, Hyperaktivität, stereotype Phantasie und dergleichen, eher der Beschneidung der eigenen Körperrhythmik anzulasten als stereotypen Inhalten phantasieloser Sendungen.

Und es bestärkt mich eine andere unabweisbare Beobachtung: Üblicherweise wird mündliches Erzählen eher mit Vorschulkindern in Verbindung gebracht, die selbst noch nicht lesen können und auf das gesprochene Wort angewiesen sind. Und dazu wird Erzählen dann auch gleich noch mit Märchen und magischem Weltverständnis assoziiert. Beim Erzählen in

Kindergärten stellte ich immer wieder fest, daß die treuesten Zuhörer, auch bei Geschichten, die ganz auf das Vorschulalter zugeschnitten waren, in den Hortgruppen zu finden waren. Und diese Beobachtung hat sich beim Erzählen in Schulklassen und Freizeitheimen über Jahre hinweg zur Gewissheit verfestigt: Im eigentlichen »Erzählalter« stehen Kinder, die schon längst lesen können, oft auch echte Leseratten, vor allem aber sehr versierte Kunden der Medienindustrie sind und deren Angebote meist souverän zu nutzen verstehen. Es ist vor allem die Altersgruppe der Grundschüler, in der der Erzähler ein begeistertes und schwer zu ermüdendes Publikum findet. Es sieht also nicht gerade so aus, als würden die Medien den mündlichen Erzähler ablösen, sobald den Kindern ihr unübersehbares Angebot zugänglich wird. Eher kommt es mir vor, als würden die Medien die Lust auf den mündlichen Erzähler fördern, als würde bei gesteigerter Rezeption medialer »Einwegkommunikation« das Bedürfnis auf Geschichten wachsen, die über den »kommunikativen Tanz« aufgenommen werden können, wie man ihn von Kindesbeinen an gelernt hat. Das Problem ist da wohl eher, daß die Erzähler sich im Umfeld der Kinder so rar machen, während der Kasten, der die Welt bedeutet, mit einem Knopfdruck zu betätigen ist.

Das soll mich aber nicht verführen, den Erzähler, wie im Windmühlenkampf der Literaturpädagogik gegen die ungeliebte technische Konkurrenz geschehen, gegen die Erzählweisen der Massenmedien auszuspielen. Strukturell steht mündliches Erzählen, jedenfalls freies gestisches Erzählen, den Erzählweisen der Medien näher als die nur noch auf einen einzigen Kanal reduzierte Schrift. Alle Medien senden ja ihre Botschaften über mehrere Kanäle zugleich, bei Hörmedien sind es semantisch-sprachliche und paralinguale sprachbegleitende Zeichen, beim Film stehen die visuell rezipierten proxemischen und nonverbalen Zeichen im Vordergrund, ergänzt um die phonetischen und semantischen; der Comic, in mancher Hinsicht das vielseitigste und raffinierteste Medium, kombiniert die graphische Kodierung der Schrift mit abstrakten und gegenständlichen Bildzeichen. Wenn ich mir unter diesem Aspekt nun mündliches Erzählen betrachte, stelle ich erstaunt fest, daß alle Codes, die zu den massenmedialen Formsprachen stilisiert werden, in der bescheidenen Vortragskunst des mündlichen Erzählens enthalten sind, ob man nun mimische, gestische, durch Bewegung informierende kinesische, das Raumverhalten nutzende proxemische, oder die näherliegenden sprachbegleitenden oder bezeichnenden Laute nimmt. Natürlich hat der Erzähler dieses reichhaltige Zeichenrepertoire nicht erfunden, wir benutzen es selbstverständlich in der Alltagskommunikation, ohne uns ihres komplexen Reichtums bewußt zu werden. Aber mündliches Erzählen steht den Ausdrucksweisen alltäglicher Rede von allen künstlerischen Erzählweisen am nächsten, ganz im Gegensatz zur Schrift, die die weitestgehende Abstraktion von der gewohnten Alltagsverständigung erfordert. Auch damit mag es zu tun haben, daß Kinder im Vorschulalter, die eben mühsam diese Abstraktionsleistung lernten, auf den Erzähler und seine bescheidene Kunst versessen sind.

Werde ich aber nun gefragt, welche Rolle der Erzähler in der Medienpädagogik spielen kann, werde ich etwas hilflos. Erzählen stand jahrzehntelang in den Lehrplänen der Grundschulen, wurde sogar in der Lehrerbildung »gelehrt«, in einer Zeit, als es noch keine technischen Massenmedien gab, aber wenn ich mir die damaligen pädagogischen Konzepte zu Gemüte führe, oder gar die dafür vorgeschlagenen Geschichten, dann wünsche ich mir eher, daß nie mehr ein Lehrer auf die Idee verfällt, seinen Schülern Geschichten zu erzählen. Mit der in diesem Umkreis gepflogenen, bis heute überkommenen Weise, Märchen zu erzählen, geht es mir nicht viel besser. Auf der anderen Seite denke ich, daß mündliches Erzählen vor einem Kinderpublikum eine Art Vorschule und zugleich einen sinnvollen Ausgleich zur Medienrezeption darstellt und insofern gerade für das Alter, in dem die Kinder in unsere Medienkultur hineinwachsen, angeboten werden sollte. Aber man sollte den Erzähler, auch den Erzähler für Kinder, das sein lassen, was er über die Jahrhunderte immer gewesen war, nämlich ein (amateurhafter oder professioneller) Künstler, und sein Angebot sollte gleichberechtigt neben anderen medialen Kulturangeboten stehen: Die Kinder werden beides nach Bedarf zu nutzen wissen.

## Literatur

M. Argyle: Bodily Communication, London 1988 (2.ed.).
R. Bakeman/J.V. Brown: Behavioral Dialogues: An Approach to the Asessment of Mother-Infant Interaction, Child Development 48, 1977, 195–203.
G. Clauser: Die vorgeburtliche sprachliche Entwicklung als anthropologisches Problem. Stuttgart 1971.
W.S. Condon/W.D. Ogston: Sound Film Analysis of Normal and Pathological Behavior Patterns, The Journal of Nervous and Mental Diseases 143, 1966, 338–347.
W.S. Condon/L.W. Sander: Neonate Movement is synchronized with Adult Speech: Interactional Participation and Language Acquisition, Science, January 1974, 99–101.
A.T. Dittmann/L.G. Llewellyn: Body Movement and Speech Rhythm in Social Conversation, Journal of Personality and Social Psychology 11, 1969, 98–105.
A.T. Dittmann: The Body Movement-Speech Rhythm Relationship as a Cue to Speech Encoding. In: S. Weitz (ed.): Nonverbal Communication, New York 1974, 169–181.
J.J. McDowall: Interactional Synchrony: A Reappraisal, Journal of Personality and Social Psychology 36, 1978, 963–975.
J.C. Gardiner: A Synthesis of Experimental Studies of Speech Communication Feedback, The Journal of Communication, 21, 1971, 17–35.
A. Kendon: Movement Coordination in Social Interaction: Some Examples Described, Acta Psychologica 32, 1970, 102–125.
R.M. Krauss/C.M. Garlock/P.D. Bricker/L.E. McMahon: The Role of Audible and Visible Back-Channel Responses in Interpersonal Communication, Journal of Personality and Social Psychology 35, 1977, 523–529.
R.E. Krautt/S.H. Lewis/L.W. Swezey: Listener Responsiveness and Coordination of Conversation, Journal of Personality and Social Psychology 43, 1982, 718–731.
R. Kraut/S.H. Lewis: Some Functions of Feedback in Conversation. In: H.E. Sypher/J.L. Applegate: Communication by Children and Adults, Beverly Hills 1984.
H.M. Rosenfeld: Conversational Control Functions of Nonverbal Behavior. In: A.W. Siegmann/S. Feldstein (ed.): Nonverbal Behavior and Communication, New Jersey 1978, 291–328.
R. Spitz: Vom Dialog. Studien über den Ursprung der menschlichen Kommunikation und ihre Rolle in der Persönlichkeitsbildung, München 1988.

Hans-Heino Ewers

# Kinder brauchen Geschichten

Im kinderliterarischen Geschichtenerzählen lebt die alte Erzählkunst fort*

Das Geschichtenerzählen war ursprünglich jedermanns Sache. Mit der Ausdehnung der Schriftkultur und der Entstehung einer auf ihr basierenden Hochliteratur geriet es ins Hintertreffen. Die epische Dichtung der neuzeitlichen Moderne, deren zentrale Gestaltung der Roman ist, hat sich von den Gestaltungsprinzipien der alten Erzählkunst zunehmend entfernt. Zwar wartet gerade die deutsche Literatur im 19. Jahrhundert noch mit einer Reihe großer literarischer Erzähler auf – genannt seien hier nur Johann Peter Hebel, E.T.A. Hoffmann, Wilhelm Hauff und Jeremias Gotthelf –; auf's Ganze gesehen, wird der Erzähler jedoch durch den Romancier verdrängt.

Ein Sektor scheint hiervon ausgenommen zu sein: In ihm gedeiht das Geschichtenerzählen wie eh und je. Die Kinderliteratur stellt auch heute noch einen Bereich der literarischen Kultur dar, in dem Geschichten mündlich erzählt, in geselliger Runde vorgetragen bzw. vorgelesen und für eine Weile noch still gelesen werden. Erzählt wird nicht nur im Familienkreis, in Kindergärten und -gruppen; auch im schulischen Bereich ist diese Kunst wiederentdeckt worden. Zur gleichen Zeit ist auf den meisten anderen Feldern der Kultur die Kunst des Erzählens längst schon im Untergang begriffen, wenn nicht gar schon entschwunden.

Hierbei ist es nicht allein die – in einsamer Zurückgezo-

---

* Der Beitrag ist erstmals in Heft 1/91 der Zeitschrift »Grundschule« erschienen. Für den Wiederabdruck an dieser Stelle wurde er geringfügig stilistisch überarbeitet.

genheit sich vollziehende – Romanlektüre, deren zunehmende Ausbreitung dem Erzählen den Garaus bereitet. Die Erzählung ist ja nicht nur eine literarische, sondern auch eine seit altersher in allen sozialen Schichten verankerte alltagsweltliche Form der Mitteilung. So könnte sie subliterarisch ja ungebrochen fortleben, wenn ihr nicht auf diesem Gebiet in Gestalt der Nachricht bzw. der Information eine Konkurrentin erwachsen wäre, die sie viel nachhaltiger bedroht, als es der Roman je tun konnte.

Die Information, als besondere Mitteilungsform betrachtet, nimmt sämtlichen Ereignissen das im sprichwörtlichen Sinne Merk-Würdige, das sie ehedem stets aufs neue erzählenswert machte; aus merkwürdigen Ereignissen werden Sensationen, ganz dem Augenblick ausgeliefert, in dem sie neu sind und mit dem untergehen. Die nahezu totale Informationsgesellschaft unseres Jahrhunderts nimmt dem Geschichtenerzählen auch im Alltag seinen angestammten Platz. »Immer seltener«, so stellt *Walter Benjamin* in seinem »Erzähler«-Essay von 1936 fest, »wird die Begegnung mit Leuten, welche rechtschaffen etwas erzählen können. Immer häufiger verbreitet sich Verlegenheit in der Runde, wenn der Wunsch nach einer Geschichte laut wird.« Die Verlegenheit schwindet freilich in dem Augenblick, in dem Kinder in die Runde treten; ihre Anwesenheit scheint im Erwachsenen die verschüttete Gabe des Erzählens wieder freizusetzen.

Woher dieser Kontrast zwischen einer Allgemeinkultur, der die Kunst des Erzählens weitgehend verlustig gegangen ist, und einer ihr zugehörigen Kinderliteratur und -kultur, die der althergebrachten Erzählkunst in beträchtlichem Maße verpflichtet bleiben? Eine solche Geläufigkeit von allgemeiner und Kinderliteratur existiert seit dem späten 18. Jahrhundert, doch wird sie erst im 19. Jahrhundert in ihrem ganzen Ausmaß sichtbar. Im Fahrwasser der Romantik finden das Märchen-, Sagen-, Legenden- und Schwankgut, die sog. »Volksbücher« und andere Erzählgattungen des späten Mittelalters und der frühen Neuzeit eine breite kinderliterarische Wiederentdeckung. Als Kinderliteratur wird hier streckenweise nicht anderes als die wiederbelebte, über- und umgearbeitete bzw. nachgedichtete alteuropäische Erzählliteratur zugelassen. Es ist kein Zufall, daß die ersten Germanisten für die Kinderliteratur des frühen 19. Jahrhunderts eine große Rolle spielen; man denke nur an die *Gebrüder Grimm,* an *Hoffmann von Fallersleben, Ludwig Bechstein* oder *Karl Simrock.* Kinderliterarische Neuschöpfungen bleiben auch dort, wo sie sich um zeitgemäße Inhalte bemühen, den Strukturen und Gattungen der althergebrachten Erzählkunst verpflichtet. Nach den modernen Erzähltechniken, wie sie der bürgerliche Roman seit dem *»Werther«* beispielsweise kennt, sucht man in der Kinderliteratur vergebens.

## Entstehung des modernen Kindheitsschemas

Die Ungleichzeitigkeit zwischen allgemeiner und Kinderliteratur läßt sich nur sozialgeschichtlich erklären. Sie hängt mit der besonderen kulturellen Ausgestaltung von »Kindheit« zusammen, wie sie für die moderne bürgerliche Gesellschaft charakteristisch ist. In einem über Jahrhunderte sich erstreckenden Wandel der Ausbildungsstrukturen, in dessen Folge eine zunehmende Verschulung stattfindet, wie in einem ebensolchen Wandel der Familienstrukturen, der zur Herausbildung der modernen Kernfamilie führt, kommt es zu einer weitreichenden gesellschaftlichen Ausgliederung der Kinder, zu einer Verselbständigung ihres Lebens- und Erfahrungsraumes. Diese bilden die gesellschaftliche Voraussetzung für die Entdeckung der kindlichen »Natur«, wie sie im 18. Jahrhundert von *Rousseau* auf der einen, von *Herder* und den *Romantikern* auf der anderen Seite getätigt wurde. Die vermeintliche Kindesnatur aber war nichts anderes, als eine ideologische Konstruktion, ein zur eigenen, als entfremdet begriffenen Existenz kontrapunktisch gesetzter Idealzustand, der zum Ursprünglichen erklärt und mit einer vorzivilisatorischen bzw. vorbürgerlichen idealen Vergangenheit verknüpft wurde.

Die Kluft, die sich seitdem zwischen Kindheit und Gesellschaft aufgetan hat, ist freilich nicht nur ideologisch bedingt, die separierte Kindheit keineswegs pure Fiktion. Vom kindlichen Menschen hat sich der zivilisierte, auf Rationalität konditionierte Erwachsene mehr und mehr entfernt. Dessen Welt, die eine des abstrakten Rechts, hochgradiger Arbeitsteilung und undurchsichtiger Ökonomie ist, wird Kindern zunehmend unfaßlicher. Statt der hochkomplizierten wirklichen muß Kindern eine modellhaft vereinfachte Welt vorgeführt werden, wenn kindliches Erfahren überhaupt noch stattfinden soll. Solcherlei auf die kindliche Fassungskraft berechnete »Scheinwelten« beginnt die Kinderliteratur vom späten 18. Jahrhundert an zu entwerfen, wobei der utopische Charakter dieser Wirklichkeitskonstruktionen noch eine gute Weile bemäntelt werden kann. Mit wachsender Industrialisierung und Rationalisierung der Gesellschaft aber wird die Scheinhaftigkeit einer auf kindliches Wahrnehmen abgestimmten Welt unübersehbar. Damit schwindet mehr und mehr die Hoffnung, kindgemäß und realitätsgerecht zugleich schreiben zu können, von der die aufgeklärte bürgerliche Kinderliteratur des 18. und frühen 19. Jahrhunderts noch getragen wurde und aus der sie ihr eigentümliches Pathos bezog. Der Struktur nach sind diese auf die kindliche Fassungskraft berechneten Wirklichkeitskonstruktionen weitgehend identisch mit der relativ einfachen vor- bzw. frühbürgerlichen Welt bäuerlicher und handwerklicher Produktion samt der ihr zugehörigen Handelsformen.

Eben diese Welt spiegelte sich in der althergebrachten Erzählkunst wider. Kein Wunder also, daß dem Bürger des 19. Jahrhunderts, der auf der Suche nach einer nationalen Geschichte die Literaturdenkmäler der Vergangenheit ausgräbt, die bäuerliche und feudale Welt von Märchen und Sage, die städtisch-handwerkliche des Schwanks, die Eulenspiegels und der Schildbürger als wahrhaft kindlich erscheinen. Kein Wunder, daß er sie kinderliterarisch auferstehen läßt.

So ergeben sich aus ideologischen wie objektiv gesellschaftlichen Bedingungen Zuschreibungen, die uns mittlerweile ganz und gar selbstverständlich erscheinen. Eine davon ist die von Kinderliteratur und althergebrachter Erzählkunst, die sich Ende des 18., Anfang des 19. Jahrhunderts vollzogen hat und noch heute in gewissem Maße Gültigkeit besitzt. Wir sind uns freilich dieser Zuordnung heutigentags kaum noch bewußt. Vieles sehen wir als genuin kinderliterarische Eigentümlichkeiten an, was in Wahrheit ein allgemeiner Charakterzug der alten Erzählkunst war. Einige dieser Charakterzüge sollen im folgenden zur Sprache kommen.

## Nähe zur Mündlichkeit

Von seinem Ursprung her ist das Geschichtenerzählen eine Form mündlicher Dichtung. Es hat sich als besondere Kunstform bereits vor Ausbildung der Schrift herausgebildet. Es hält sich jedoch länger als das gleichfalls auf Mündlichkeit basierende Epos. Das Geschichtenerzählen blüht fort in der großen Zeitspanne des Nebeneinanders von Mündlichkeit und Schriftlichkeit, und so entwickelt sich dann neben der mündlichen bald auch eine schriftliterarische Ausprägung des Geschichtenerzählens. Spätere Literaturhistoriker – insbesondere die Romantiker unter ihnen – haben nur den namenlosen mündlichen, nicht aber den literarischen Erzähler gelten lassen wollen. Man tut jedoch gut daran, beiden ihren Verdienst zukommen zu lassen. Nur dann nämlich kann die besondere historische »Leistung« dieser epischen Form sichtbar werden: Die Erzählkunst überbrückt gleichsam den wohl tiefgreifendsten Umbruch, den Kulturen überhaupt erfahren können: die schrittweise Verwandlung einer Gedächtnis- in eine Schriftkultur. Ihr kommt damit eine kulturgeschichtlich eminent bedeutsame Brückenfunktion zu. Die Gestalt des Erzählers, der Menschheit seit Urzeiten vertraut, bleibt ihr in der Schritt um Schritt sich verschriftlichenden Kultur für eine geraume Zeit noch präsent, um relativ spät erst rein schriftliterarischen Instanzen wie dem Romancier Platz zu machen.

Freilich bleibt auch für die schriftliterarische Erzählkunst die ursprüngliche Mündlichkeit des Erzählens innerer Orientierungspunkt; sie sucht in ihrem Medium die für eine orale

Poesie typischen kommunikativen Strategien und stilistischen Züge zu reproduzieren, gehorcht also einer ›oralen Stilistik‹. »(...) unter denen, die Geschichten niedergeschrieben haben«, so *Walter Benjamin*, »sind es die Großen, deren Niederschrift sich am wenigsten von der Rede der vielen namenlosen Erzähler abhebt.« Es gelten also fürs mündliche wie fürs literarische Erzählen in bestimmtem Ausmaß die gleichen stilistischen Gesetze. So haben alle Geschichten einprägsam zu sein, denn nur dann können sie behalten und weitererzählt werden. Dies verlangt von ihnen das, was *Benjamin* sehr zutreffend »keusche Gedrungenheit« nennt. »Es gibt nichts, was Geschichten dem Gedächtnis nachhaltiger anempfiehlt, als jene keusche Gedrungenheit, welche sie psychologischer Analyse entzieht.«

Die hier angesprochenen Stilzüge sind uns am deutlichsten aus dem Volksmärchen her bekannt: Handlungsdominanz, holzschnittartige Personenzeichnung, unzweideutige antithetische Bewertungen, Verzicht auf psychologische Motivierung und Deutung. In jeder schlanken, weitererzählbaren Geschichte leben diese Stilzüge fort.

Die Nähe zur Mündlichkeit ist ein Charakterzug der alten Erzählkunst, der in der erzählenden Kinderliteratur wie in keinem anderen Literaturbereich sonst fortlebt. Verantwortlich dafür ist die elementare Funktion, die die Kinderliteratur in schriftliterarischen Kulturen zu erfüllen hat. Der Übergang von der Mündlichkeit zur Literalität, von der Gedächtnis- zur Schriftkultur, wie er sich auf geschichtlicher Ebene in einer Zeitspanne von vielen Jahrhunderten abgespielt hat, vollzieht sich auf ontogenetischer Ebene ja stets aufs neue, muß von jedem einzelnen Schritt für Schritt bewältigt werden. Wie die alte Erzählkunst die Menschheit auf historischer Ebene bei diesem Wandel begleitet hat, so geleitet auf biographischer Ebene die Kinderliteratur den einzelnen aus der anfänglichen Oralität in die Welt der Schriftkultur. Diese Funktion aber kann sie nur erfüllen, wenn sie der Mündlichkeit nahe und verwandt bleibt. Um ihre jüngsten Adressaten zu erreichen, muß Kinderliteratur tauglich zu mündlicher Realisation, d.h. mündliche Dichtung im handfesten Sinne sein. Dort, wo sie ihren Adressaten bereits im Medium der Schrift entgegentreten kann, hat sie mit Kommunikationsformen und Stilzügen aufzuwarten, die mündlichem Erzählen nachgebildet sind, denn ihre Leser sind des Schriftliterarischen noch so ungewohnt, daß sie zum Ausgleich der vertrauten oralen Erzählmuster bedürfen, soll die literarische Kommunikation mit ihnen nicht zum Erliegen kommen. Was die literarische Erzählkunst seit eh und je praktizierte, die Kinderliteratur macht es ihr nach: Auf vielfältige Weise überspielt auch sie ihre Schriftlichkeit, erzeugt sie durch Erfindung von Erzählsituationen den Schein mündlichen Kommunizierens.

## Freies Erzählen, Vorlesen, Stillesen

Aus ihrer vergleichbaren Brückenfunktion erklärt sich die Tatsache, daß in der Kinderliteratur die historisch auftretenden Übergangsformen zwischen Mündlichkeit und Literalität sämtlich wiederkehren. An erster Stelle wäre das freie, rein gedächtnisgestützte Geschichtenerzählen zu erwähnen, dessen freilich nur wenige Erwachsene noch mächtig sind. Ihm entspräche auf historischer Ebene die orale Erzählpraxis, wie sie in Gedächtniskulturen zu finden und in deren Relikten am Rande entwickelter Zivilisationen oft noch greifbar sind.

Verbreiteter ist in Schriftkulturen freilich das schriftgestützte Geschichtenerzählen gegenüber Kindern, für das sich die nur teilweise zutreffende Bezeichnung des »Vorlesens« eingebürgert hat. Hier sind zwei Ausprägungen auseinanderzuhalten: In der ersten wird die Geschichte Kindern nicht eigentlich vorgelesen, sondern mehr oder weniger frei erzählt, durchsetzt mit improvisatorischen Anreicherungen aus der konkreten Situation. Der Text fungiert hier als Gedächtnisstütze des Erzählers; die schriftlich fixierte Geschichte ist bloß eine Art cantus firmus, der in freier Variation realisiert werden kann. Kinder sehen den Erwachsenen hier noch ganz als mündlichen Erzähler an. Es ist diese kindliche Erwartungshaltung, die so manchen Erwachsenen, der eigentlich nur vorlesen wollte, wieder zum freien, schöpferischen Erzählen verleitet. *Astrid Lindgrens »Pippi Langstrumpf«, Günter Herburgers »Birne«* und *Heinrich Hannovers* Kindergeschichten sind jedenfalls, will man den Autoren glauben, aus einer solchen Situation geboren worden – die Beispiele ließen sich beliebig mehren. Sucht man nach einer historischen Entsprechung, so wäre beispielsweise an die zahlreichen spätmittelalterlichen und frühneuzeitlichen Exempla-Sammlungen zu denken. Sie enthielten Beispielgeschichten zur Ausschmückung der Predigten; die Prediger machten von ihnen freien erzählerischen Gebrauch.

Die zweite Ausprägung ist das Geschichtenvorlesen im eigentlichen Sinne: Der schriftliche Text wird hier zur Vorlage einer wortgetreuen Rezitation. Sie geschieht vor kindlichen Zuhörern, die zwar des Lesens noch unkundig oder in ihm noch nicht ausreichend geübt sind, die sich aber schon ein Bild von der Schriftkultur und ihren Funktionsmechanismen machen können. Dieses Vorwissen veranlaßt sie, Improvisationen zu unterbinden und den Erwachsenen auf die Rolle des Vorlesens einzuschränken. Denn sie wissen mittlerweile, daß nicht er, sondern ein anderer, der Autor, Urheber des Textes ist. Auch ein Vorlesetext bleibt der Mündlichkeit verpflichtet: Er muß verlautbar sein, man muß ihm lauschen können. Historisch entspricht dem die breite Vorlesekultur, die erst im 19. Jahrhundert von der einsamen Romanlektüre nach und nach verdrängt wurde.

Kinderliteratur, die nicht mehr mündlich realisiert, sondern von Kindern still gelesen wird, bewahrt in den meisten Fällen auf konzeptioneller und stilistischer Ebene Nähe zur Mündlichkeit – in Gestalt etwa einer fiktiven mündlichen Erzählsituation, häufiger Leseanreden, übersichtlicher Handlungskonstruktionen und einprägsamer Figurengestaltung. In seinen Anfängen hat dies auch der bürgerliche Roman noch getan, der erst im Lauf des 19. Jahrhunderts unter der Parole epischer Objektivität auf alles fingierte Erzählen verzichten lernte.

## Alles Erzählen hat eine Bewandtnis

Neben der Nähe zur Mündlichkeit stellt das Didaktische einen weiteren Grundzug dar, der die Kinderliteratur von der der Erwachsenen abhebt. Man hat diese Eigenschaften bisher nur aus der pädagogischen, der zivilisatorischen und sozialisierenden Funktion der Kinderliteratur erklärt. Es wäre aber zu fragen, ob nicht auch hierin ein Charakterzug der alten Erzählkunst fortlebt. Für *Walter Benjamin* ist die Lehrhaftigkeit tatsächlich seit altersher eines der Kennzeichen allen Geschichtenerzählens: Mit »jeder wahren Erzählung« habe es eine »Bewandtnis«: »Sie führt, offen oder versteckt, ihren Nutzen mit sich. Dieser Nutzen mag einmal in einer Moral bestehen, ein andermal in einer praktischen Anweisung, ein drittes in einem Sprichwort oder in einer Lebensregel – in jedem Fall ist der Erzähler ein Mann, der dem Hörer Rat weiß.« Die praktische Ausrichtung des Erzählens datiert aus vorschriftlicher Zeit, in der diese Kunst sich ja herausgebildet hat. In mündlichen Kulturen besitzt die dichterische Rede noch keine Autonomie; sie ist in den Überlieferungsstrom eingelassen und hat teil an dessen funktionaler Vielfalt. Poesie ist hier immer zugleich auch Geschichtsschreibung, Kosmologie und Naturkunde, Verhaltenslehre und Praktikum. Hierzu kommt, daß die Überlieferung hier stets aktuellen Erfordernissen dient und deshalb der Gegenwart immer wieder assimiliert wird. Diese zweifache Nützlichkeit mündlicher Überlieferung – sie enthält ein Nützliches und wird nutzbar gemacht – lebt im Geschichtenerzählen fort: Geschichten werden um einer brauchbaren Einsicht willen erzählt und zugleich ganz unmerklich an die jeweiligen praktischen Erfordernisse der Gegenwart angepaßt. So gehen sie auch über Jahrhunderte hinweg nicht ihres praktischen Nährwertes verlustig.

Die hier beschriebene praktische Ausrichtung allen Geschichtenerzählens sollte abgesetzt werden von einer – historisch später erfolgten – Didaktisierung epischer Formen, die darin besteht, daß Geschichten zur Veranschaulichung theoretischer Sätze benutzt werden. Das Erzählen tritt hier in den

Dienst eines anderen Mediums, der theoretischen Argumentation. Ein allgemeines Gesetz durch Fälle zu exemplifizieren, ist etwas grundsätzlich anderes als einen Rat zu erteilen. Um solchen Rates willen aber ist ursprünglich erzählt worden, und der Rat verbleibt im Anschaulichen, im Konkreten als dem Bereich des Epischen. Die Moral, die praktische Anweisung, das Sprichwort oder die Lebensregel, auf die das Erzählen ursprünglich ausgeht, gehören, wie *Benjamin* es ausdrückt, selbst noch der »epischen Seite der Wahrheit« an. »Rat, in den Stoff gelebten Lebens eingewebt, ist Weisheit.« Sprichwörter, so *Benjamin*, »sind Trümmer, die am Platz von alten Geschichten stehen.« Dem Geschichtenerzähler ist jede Intention, die Wahrheit, um die es ihm geht, aus der epischen Gebundenheit zu lösen, ursprünglich fremd; es ist deshalb als eine Form der Weisheitsbekundung anzusehen. Die spätere Didaktisierung der Erzählens, die unweigerlich eintritt, sobald Kulturen ihr Selbst- und Weltverständnis in Lehrgebäuden kodifizieren, ersetzt seine praktische durch eine theoretische Ausrichtung. War das Geschichtenerzählen ehedem darauf aus, eine Lebensgeschichte durch eine andere zu erhellen, so wird es nun dazu verwandt, Konkretes auf Allgemeines und Abstraktes zu beziehen.

In der Kinderliteratur sind beide Ausprägungen lehrhaften Erzählens zur Anwendung gelangt. Aufs Ganze gesehen dürfte wohl die jüngere, nicht auf Weisheit, sondern auf Gelehrsamkeit zielende Ausprägung in ihr dominiert haben. Eine eigentliche, spezifische Kinderliteratur ist historisch ja aus dem Schoß religiöser, sittlich-moralischer und intellektueller Kinderunterweisungen geboren worden, der sie überaus lange als ein rein dienendes Element verhaftet und untergeordnet blieb. Erzählungen konnten hier nie mehr als Hilfsgeschichten zum Verständnis von Lehrsätzen und Verhaltenskodizes sein. Als die Hochliteratur sich von solchen Unterweisungsfunktionen emanzipierte und ästhetische Autonomie beanspruchte, geriet die didaktische Kinderliteratur wie auch andere Zweckliteraturen in den Ruf des ästhetisch Minderwertigen. Gleichzeitig aber entwickelte sich innerhalb der Romantik ein Gespür für die ursprüngliche Lehrhaftigkeit der alten Volkserzählkunst. Bei den *Brüdern Grimm* etwa ist nachzulesen, wie sich die auf Rat, Sprichwort oder Volksweisheit zielende Lehrhaftigkeit solcher Erzählformen wie Märchen, Sage, Mythe oder Schwank von der – wie sie meinen – hölzernen Didaktik rationalistischer Beispielgeschichten unterscheidet. Weil das Belehrende hier ein Moment der epischen Form selbst ist, zielt die autonomieästhetische Kritik an der Volkskunst ins Leere, wohingegen sie an der neueren didaktischen Erzählliteratur nur zu oft ins Schwarze trifft. Die romantische Wiederentdeckung der ursprünglichen Lehrhaftigkeit der alten Erzählkunst ist freilich nur sehr begrenzt kinderliterarisch fruchtbar gemacht worden; auch in nachromantischer Zeit hatten die episch dürftigen Beispielgeschichten Konjunktur. In begrenztem Rahmen haben diese durchaus ihre Berechtigung; kinderliterarisch ist die Rückbesinnung auf die Lehrhaftigkeit volkstümlicher Epik jedoch weit fruchtbarer. Kinder brauchen Geschichten eben nicht nur deshalb, weil sie nur mit ihrer Hilfe Lehrsätze begreifen können, sondern weil sie, bevor sie überhaupt zu abstraktem Denken vorstoßen, bereits in Geschichten »denken« und zu eigenen »Weisheiten« vordringen. Die moderne Bilderbuch- und Kindergeschichte scheint mir dies mehr und mehr beherzigt zu haben; daß sie mit der Wiederentdeckung der Lebensweisheit als eigentlicher Erzählbewandtnis einen Zug reaktiviert, der schon der alten Erzählkunst zu eigen war, mag ihr dabei kaum bewußt sein.

## *Das Menschenbild der Erzählkunst*

Von den zahlreichen Eigenschaften, die die Kinderliteratur mit der alten Erzählkunst verbindet, soll eine dritte zur Sprache kommen: die Form der Menschenzeichnung. Zum Erzählen gehört ein besonders gearteter Mensch. Raten läßt sich, so *Walter Benjamin* nur »einem, der sich eröffnet«, der »seine Lage zu Wort kommen läßt«. Die Erzählkunst verlange einen

Menschen von innerer Entschlossenheit und Lauterkeit, der sich noch nicht abgekapselt, privatisiert und in die Einsamkeit seines Ichs zurückgezogen hat.»Die Fähigkeit, Gehörtes weiterzugeben und im Erlebten den Geist der Geschichte, das Erzählbare zu wecken, (... sie ist gebunden an die reine Erschlossenheit des inneren Menschen.« Angesprochen ist damit das noch vorprivate Individuum, das sich in allem als ein nicht singuläres, sondern typisches, exemplarisches Wesen begreift und das deshalb von sich Geschichten erzählen kann, die anderen merk-würdig sind. Das moderne Individuum begreift sich dagegen als ein schlechthin unvergleichliches Ich, »das sich über seine wichtigsten Anliegen nicht mehr exemplarisch aussprechen kann, selbst unberaten ist und keinen Rat geben kann«, so *Walter Benjamin*. Von einem solchen Individuum handelt der moderne bürgerliche Roman, und nur er vermag es, denn Geschichten lassen sich über einen solchen Menschen nicht erzählen. Die moderne Zivilisation hat den Menschen in einem Maße vereinzelt und privatisiert, daß dem ans Exemplarische gebundenen Geschichtenerzählen der Boden entzogen ist.

Trifft dies auch auf die moderne Kindheit zu? Befragt man daraufhin die Kindheitsbilder der bürgerlichen Gesellschaft, so schallt einem ein machtvolles »Nein« entgegen. Die ideologischen Kindheitsentwürfe von *Rousseau* an bis hinein ins 20. Jahrhundert sehen in Kindern übereinstimmend Wesen, die sich mit Natur, Welt und Kosmos noch in Einheit bzw. Übereinstimmung befinden. Die Romantiker und ihre Nachfolger schätzen das Kind um so glücklicher, je weniger es überhaupt Individualität entwickelt hat, je mehr es im einheitlichen Naturganzen eingeschlossen bleibt. So übersteigert sie auch sein mögen, in diesen ideologischen Kindheitsentwürfen spiegelt sich doch ein Stück gesellschaftlicher Realität wider. Der konventionelle Umgang mit Kindern gesteht ihnen tatsächlich eine radikale Subjektivität nicht zu, gewährt ihnen keine Privatsphäre und auch nicht das Recht, sich *nicht* mitteilen, das eigene Innere *nicht* aussprechen zu können. In konventioneller Sicht erscheinen Kinder nicht als unvergleichliche, sondern als »typische« Individuen, von deren Erlebnissen und Erfahrungen auf althergebrachte Weise erzählt werden kann. Die Kindheit gehört in der modernen Gesellschaft noch zum Erzählbaren. So sehr man auch meinen mag, Kindern damit ein Gutes anzutun, daß man ihnen eine vormoderne, weitgehend problemlose Form der Individualität zuschreibt und sie dadurch vor den Leiden und Nöten moderner Subjektivität und Vereinzelung bewahrt, es bleibt eine Verhaltenszuschreibung, ein Oktroi seitens der Erwachsenen, in die Kinder sich hineinempfinden können, keineswegs aber müssen. So wenig es die Gesellschaft wahrhaben will, das moderne unglückliche Individualitätsbewußtsein hat nur zu oft schon die Kinder ergriffen. Darauf hat mit großer Eindringlichkeit *Rainer Maria Rilke* aufmerksam gemacht. Er stellt die bürgerliche Konvention auf den Kopf: Bei ihm erscheint gerade die Existenzweise des Kindes – zusammen mit der des modernen, entwurzelten Dichters – als die denkbar radikalste Ausprägung subjektiver Vereinzelung, als Zustand größter Fremdheit, Verlorenheit und Daseinsangst, vor dem der Erwachsene sich ins Typische, ins Klischee rettet. Von einer Kindheit, wie sie im »*Malte Laurids Brigge*« aufscheint, können keine Geschichten mehr erzählt werden. *Rilkes* Einspruch gegen das bürgerliche Kindheitsschema ist zugleich einer gegen eine Kinderliteratur, die sich den Mustern der althergebrachten Erzählkunst verschreibt.

## *Kindergeschichten und psychologischer Kinderroman*

Wir haben ein soziokulturelles und zugleich historisches Phänomen beschrieben und zu deuten versucht: Im kinderliterarischen Bereich blüht in weitem Ausmaß das althergebrachte Geschichtenerzählen fort, wohingegen sich die Allgemeinliteratur hiervon immer mehr entfernt hat. Wie soll sich nun die Kinderliteratur unserer Tage gegenüber dieser Festschreibung verhalten? Soweit sie objektiven zivilisatorischen Zwängen entspricht, muß sie sich ihr beugen; soweit sie ideologisch bedingt ist, sollte sie nach Wegen suchen, sich ihr zu entziehen. Wie nimmt sich dies bezüglich der drei hier thematisierten Aspekte aus?

Der Nähe zur Mündlichkeit muß die Kinderliteratur uneingeschränkt treu bleiben, weil sie anders ihrer vornehmsten Aufgabe »Einstiegsliteratur« zu sein, nicht länger gerecht werden könnte. Das engt sie ein, bereichert sie aber zugleich auch. Eine Reihe literarischer Verfahren moderner Prosa bleiben ihr verwehrt; dafür kann sie vieles ins Spiel bringen, was allgemeinliterarisch überholt und damit tabu ist. In Schriftkulturen ist die Kinderliteratur auf einzigartige Weise legitimiert, auf ihrem Gebiet die überlieferte Formenvielfalt mündlicher Poesie immer wieder aufleben zu lassen. Darum ist sie von erwachsenenliterarischer Seite oft genug beneidet worden. – Beneiden kann man sie recht besehen auch um ihre Lehrhaftigkeit, sofern sie wahrhaft epischer Natur ist. Als Rat erteilendes, Weisheiten vermittelndes hat kinderliterarisches Erzählen noch einen »Sitz im Leben«, dessen die moderne, durch fortschreitenden Funktionsverlust charakterisierte Erwachsenenliteratur weitgehend verlustig gegangen ist. Anfänger bedürfen einer Literatur, die eine leicht erkennbare Bewandtnis hat.

Daß die Kinderliteratur den Gesetzen althergebrachten Geschichtenerzählens treu bleibt, erwies sich in den beiden ersten Aspekten legitimiert durch ihre aktuelle Funktion, die ja der geschichtlichen Funktion der alten Erzählkunst nicht unähnlich war. Eine zweischneidige Angelegenheit ist dem gegenüber der dritte Aspekt. Er betrifft das bürgerliche Kindheitsschema, das in seiner Historizität längst erkannt ist und wahrlich keine unumschränkte Geltung mehr besitzt. Doch ist dieses Kindheitsschema keineswegs pure Ideologie. Daß in ihm Kindern eine weniger radikale, problemlose und unbeschwerte Form von Individualität zugeschrieben wird, scheint in entwicklungspsychologischer Sicht so unangebracht nicht zu sein. Die Kinderliteratur tut so unrecht nicht, wenn sie in diesem Punkt dem bürgerlichen Kindheitsschema folgt. Die Figuren der überaus meisten Kindergeschichten sind denn auch Typen von reiner Erschlossenheit und Lauterkeit, wie sie uns aus der alten Erzählliteratur geläufig sind, und keineswegs abgründige Existenzen. Dennoch ist dies nicht die ganze Wahrheit. Das Leben der Kinder geht in den Grenzen nicht auf, die ihnen das bürgerliche Kindheitsschema gezogen hat. Die Abgründigkeit moderner Subjektivität ist ihnen keineswegs ein Unbekanntes. Die Kinderliteratur hat auch diesen abgründigen Erfahrungen der Kinder zur Sprache zu verhelfen. Hier aber versagt das Geschichtenerzählen, und an dieser Stelle muß sich die moderne Kinderliteratur von der Festschreibung aufs Erzählen lösen. Hier muß sie sich die Verfahren des modernen psychologischen Romans zu eigen machen. Dies kann sie freilich nur dort tun, wo sie kaum noch Einstiegsliteratur zu sein braucht, wo sie es mit Lesern vom 8., 9. oder 10. Lebensjahr an zu tun hat. Am Geschichtenerzählen also muß die Kinderliteratur unserer Tage festhalten. Sie darf sich darauf aber nicht beschränken: Neben das Geschichtenerzählen muß der psychologische Kinderroman treten, der die Innerlichkeit von Kindern ausleuchtet, die tiefer und schwieriger ist, als es ein Teil der Erwachsenenwelt wahrhaben will.

*Literatur*

*Benjamin, Walter*: Der Erzähler (1936). In: W.B., Illuminationen, Frankfurt/M. 1955, S. 409–436 (Suhrkamp Taschenbuch 345).

Gundel Mattenklott

# Kindheitsmythen in der erzählenden Kinderliteratur

Der Versuch, den Begriff Mythos zu klären, ruft leicht einen ähnlichen Schwindel hervor, wie der uns erfaßt, wenn wir, den Ursprüngen von Mythen nachforschend, einen Blick wagen in den Abgrund der Zeiten. Um diesen Schwindel zu vermeiden, beschränke ich mich auf den Hinweis, in welchem Sinn ich das Wort »Kindheitsmythen« im Folgenden verwende. Ohne Mehrdeutigkeit und Bedeutungsüberlagerungen geht es allerdings auch dabei nicht ab. Zwei Bedeutungen immerhin lassen sich fixieren: Als Kindheitsmythen bezeichne ich einerseits die alten Menschheitsgeschichten, die von Götterkindern oder den Kindern eines gottmenschlichen Urgeschlechts erzählen. Die als Bestandteil religiöser Zeremonien rituell wiederholten sind in späteren Zeiten und an anderen Orten säkularisiert, in weniger strengem Zusammenhang nach- und neuerzählt, verändert, reduziert, ausgeschmückt worden. Über diesen Prozeß schreibt Heinrich Zimmer in seinem Buch »Abenteuer und Fahrten der Seele«:

Das Geschichtenerzählen war zu allen Zeiten ein ernstes Geschäft und eine heitere Unterhaltung. Jahrein, jahraus werden Erzählungen erfunden, niedergeschrieben, verschlungen und vergessen. Was bleibt davon? Nur wenige leben fort, aber sie sind es, die wie ausgestreute Samenkörner über die Generationen dahinwehen, neue Geschichten hervorbringen und vielen Völkern geistige Nahrung schenken. Unser eigenes literarisches Erbe ist größtenteils auf diese Weise aus fernen Epochen, aus fremden abgelegenen Erdteilen zu uns gekommen. Jeder Dichter fügt aus seiner eigenen Phantasiewelt etwas Neues hinzu, und so werden die Samenkörner stets wieder zum Leben gebracht. Ihre Keimkraft ist unsterblich und braucht nur geweckt zu werden. So tauchen Motive, die zu Zeiten ausgestorben schienen, eines Tages wieder auf und entfalten ihre charakteristischen Schößlinge frisch und grün wie je. (Zimmer 1969, 9)

Solchen alten Erzählkeimen in der Kinderliteratur unserer Zeit nachzuspüren, ist eines meiner Interessen. Es geht dabei nicht darum festzustellen, daß alles schon einmal dagewesen sei und nicht um ein »ist ja alles nichts anderes als...«. Wenn ich in neuen Geschichten die Umrisse der alten wiederfinde, so ist die Freude über solch Wiedererkennen zugleich die am Reichtum der Variationen, an den beiden Kräften: des Beharrens und der Veränderung in der literarischen Schöpfung. Nicht Reduktion kennzeichnet dies Interesse, sondern die Lust am Unterschiedenen, das ja von einem Ähnlichen unterschieden sein muß, an der Dauer im Wechsel, am Vergangenen im Gegenwärtigen, wie sie wohl ein wichtiger Bestandteil der Leselust, ja des ästhetischen Genusses überhaupt sein mag; ontogenisch eines der frühesten Motive überdies, wenn wir an das kindliche Bedürfnis nach Wiederholung denken, das vom Zwang zur Lust wird, sobald das Kind unter der Maske des Fremden die Wiederholung des Vertrauten wiederzuerkennen lernt.

Kindheitsmythen in dieser meiner ersten Bedeutung sind nicht zuletzt eine Energiequelle des Erzählens, ein Stoff-, Motiv- und Figurenreservoir, unerschöpflich, weil das Geschöpfte als neue veränderte Geschichte ihm wieder zuströmt. In meiner zweiten Bedeutung sind Kindheitsmythen die Vor- und Darstellung der Kindheit und des Kindes in ihren je verschiedenen historischen Ausprägungen, in Geschichten und Bildern, die das Kind mit Bedeutung und einer Machtfülle ausstatten, über die das reale Kind nicht verfügt; die es zum Träger einer Botschaft machen; es zu einem Symbol erhöhen; die das Kind, von dem erzählt wird, durchsichtig machen auf jenes göttliche Kind der alten Mythen hin. Mein Verständnis entspricht dem Chombart de Lauwes:

Mythiser le personnage consiste en une symbolisation de l'enfant, qui est déréalisé, sentimentalisé, et inséré dans un système de valeurs dont il forme le centre. A partir de lui s'ordonnent les autres personnages, l'environnement, les structures sociales, les événements qui sont appréciés positivement ou negativement en fonction de leur rapport avec la valeur-enfance incarnée dans le personnage de l'enfant. (Chombart de Lauwe 1971, 14) (Übersetzung S. 132)

Ein Problem bei dem Versuch, solche Kindheitsmythen zu analysieren, liegt darin, daß leicht jedes literarische Kind als ein mythisiertes verstanden werden kann. Chombart de Lauwe diskutiert diese Frage auch und stellt sie verschärft: »tout personnage d'enfant n'est-il pas symbolique?« (Chombart de Lauwe 1971, 420). Diese Überlegung hat viel für sich. Ich sehe, was die Literatur betrifft, nur eine Grenze der Mythisierung: wenn Autor und Leser sich ihrer als solcher bewußt werden. Seine Reflexion demontiert die Macht des Mythos.

Ist eine solche Demontage wünschenswert, das heißt: Ist das Mythisieren gefährlich, bedenklich? Zweifellos können mythische Bilder unser Fühlen und Denken so stark prägen, daß wir nicht mehr realitätsgerecht zu reagieren fähig sind. Andererseits kann der Mythos so viel mehr und anderes ausdrücken als der Logos. Kann seine bedrohliche Übermacht demontiert werden und können dennoch seine Bilder, seine Sinn- und Bedeutungsfülle bewahrt bleiben?

Die Mythisierung des Kindes, wie sie in der Literatur, in den anderen Künsten und in allen Texten unserer Gesellschaft sich vollzieht, von der Pädagogik bis zur Werbung, bleibt nicht ohne Auswirkung auf das reale Kinderleben. In den Kindheitsmythen wird ein ideales gutes oder auch schlechtes (mißratenes, verfehltes, falsch erzogenes) Kind gezeichnet, das unsere Erziehungspraxis prägt. Nach seiner Zeichnung entwerfen wir das Bild, zu dem hin wir unsere Kinder erziehen. Die Analyse von Kindheitsmythen ist deshalb für zwei Disziplinen wichtig: für die Literatur- wie für die Erziehungswissenschaft. Kindheitsmythen stehen seit dem 18. Jahrhundert über weite Zeiträume hin immer wieder im Zentrum des Interesses von Philosophen, Künstlern, Pädagogen, Psychologen. Jedoch bleiben in ihren Texten Erwachsene mit der Rede von der Kindheit und dem Kind unter sich. Anders in der Kinderliteratur. Auch in ihr spielen die Mythisierungen des Kindes eine große Rolle, sei es – wenn die alten Mythen neu erzählt werden – als Erzählmotiv und -motivation, eingeschrieben der Handlung und den Figuren, sei es explizit in den Botschaften, Lehren, Moralen, Erziehungszielen, die sich, oft ohne ihren Adressaten eindeutig zu bezeichnen, an den kindlichen Leser, den erwachsenen Mitleser oder an beide richten. Auf diese Weise wird das reale Kind zum Leser der Mythisierung seiner selbst. Darauf gilt es sein Augenmerk zu richten: Mit den Kindern in den Büchern bieten wir ihm Vor- und Gegenbilder, deren Faszination und Wirkkraft umso größer sein mag, je höher der Grad an Mythisierung ist und je weniger der Autor sich ihrer bewußt ist – oder aber je entschiedener er mit der symbolischen Überhöhung das Kind beeinflussen will.

Ich stelle hier drei Kindheitsmythen vor, die in der Kinderliteratur unseres Jahrhunderts eine Rolle spielen. Ich werde an einigen Beispielen deutlich machen, aus welchen alten Geschichten sie sich herschreiben und welche Funktion diese Revenants im Kleid unserer Zeit für unsere Vorstellungen vom Kind in unserer Erziehungsarbeit haben und haben können. Zweierlei Interesse leitet meinen Umgang mit den Texten: eines ist auf das literarisch-ästhetische Phänomen gerichtet, auf Wiederholung und Variation, auf Dauer im Wechsel, das andere auf die pädagogischen Konsequenzen der wiedererzählten Kindheitsmythen.

## Ursprungswelt und Phantasie

Die Mythen vom göttlichen Kind, so hat Karl Kerényi in seiner Studie »Das Urkind in der Urzeit« (Jung/Kerényi 1941) dargestellt, sind Erzählungen vom Ursprung der Welt und des Lebens: Ursprung aus dem Wasser, der Felshöhle, dem zweigeschlechtlichen Urei. Im Ursprung ist alles ungetrennt: die Geschlechter nicht nur, auch Sein und Nicht-Sein, Tod und Leben, Kleines und Großes. Das göttliche Kind als Bild dieser nur in Paradoxien aussprechbaren Ursprungswelt hat von der Romantik an – denken wir an Philipp Otto Runges Tageszeiten-Entwürfe – immer wieder große Faszination ausgeübt. In der Kinderliteratur hat es unter vielen Gestalten seinen Platz gefunden. Die berühmteste ist wohl Pippi Langstrumpf, ein spielendes Kind und zugleich stärker als alle anderen in der Welt. In anderen Geschichten, denen, die Pamela L. Travers von dem sonderbaren Kindermädchen Mary Poppins erzählt, wird die Ursprungswelt des göttlichen Kindes auf verwickeltere Weise vergegenwärtigt. Das Mythologem, das dem Erzählprogramm zugrunde liegt – nämlich der Reihe unberechenbarer Einbrüche des Wunderbaren in die Welt der Kinder Jane und Michael – wird am deutlichsten formuliert im Kapitel über die Säuglinge Barbara und John. Den Menschen gegenüber noch sprachlos und in ein Netz grotesker Mißverständnisse ihrer nicht-verbalen Äußerungen verstrickt, verstehen sie die Sprache der Dinge, des Windes, des Sonnenscheins, der Sterne und Vögel. Eines Morgens erfahren sie vom Star, der sie täglich besucht, daß sie diese Sprache vergessen werden, wie alle Kinder sie vergessen müssen – außer Mary Poppins: »Sie stellt die große Ausnahme dar. Mit ihr könnt ihr euch nicht vergleichen [...] Sie ist etwas Besonderes.« (Travers 1984, 72) Barbara und John wehren sich verzweifelt gegen die Vorstellung, älter zu werden und so beschränkt in ihren Kommunikationsmöglichkeiten mit der Welt wie die anderen Menschen. Aber vergeblich: mit ihrem ersten Geburtstag ist die wunderbare Sprachfähigkeit verschwunden.

Die jüngsten Kinder sind, dieser Geschichte zufolge, im Einverständnis mit den Dingen und den Lebewesen. Sie haben offenbar aus einer – nicht expliziten, nur erschließbaren – Ursprungswelt wunderbare Fähigkeiten mitgebracht, die sie aber vergessen, je weiter sie sich vom Ursprung entfernen. Dieser Mythos vom Kind ist noch heute aktuell. Erst kürzlich hat Christa Kożik ihn wieder formuliert:

> Oftmals, wenn ich gefragt wurde, warum ich für Kinder schreibe, habe ich geantwortet: weil Kinder noch drei Augen haben und den bunten Blick und weil sie die Ureinwohner eines Landes sind, das Erfolgserlebnisse für alle hat. (...) Mit meinen Büchern möchte ich die Kinder ermutigen, niemals das dritte Auge zu verlieren und sich durch die notwendige, aber bedrängende Realität nicht aus dem Land Phantasie vertreiben zu lassen. (40 Jahre, 60)

Das Älterwerden erscheint als ein Fluch, eine fortschreitende Entfernung vom Paradies, eine bei Christa Kożik durch Kinderbücher vermeidbare, für Pamela Travers schicksalhafte

Trennung vom All-Einen. Bei der englischen Autorin bleibt nur einer dieser Abschied erspart: Mary Poppins. Unter der Maske der strengen Erzieherin verbirgt sich das alterslose göttliche Kind. Wenn das Knäblein, dem der weise Einsiedler des indischen Nationalepos Mahābhārata auf dem Weltozean begegnet, die ganze Welt in sich birgt, »mit ihren Reichen und Städten, mit dem Ganges und den anderen Flüssen und dem Meere« (Jung/Kerényi 1941, 64), so kann Mary Poppins, seine moderne und auf die Kinderzimmerdimension reduzierte Variante, im winzigen Raum einer Tasche eine überraschende Fülle von Gegenständen, bis zur Größe eines Feldbetts, unterbringen. Sie versteht die Sprache der Tiere und der Dinge, kann in Bildern umherwandern und in ihnen Himbeertörtchen essen, hat wunderbare Verwandte, mit denen sie über Nacht den Frühling herbeizaubern oder Spaziergänge zwischen den Sternen unternehmen kann. Sie kommt vom Himmel und fliegend verschwindet sie wieder darin – unberechenbar und nicht zu halten. Verabredungen, Verträge, Zeugnisse, die Ordnungen der Gesellschaft, haben für sie keine Bedeutung. Sie kommt und geht mit dem Wind oder aus noch unbegreiflicheren Gründen – oder Launen. So scheint sie einerseits ein Wesen des (Ursprungs-)Chaos, andererseits aber verkehrt sich *ohne* sie die irdische Welt in ein Tohuwabohu: Alles geht schief und drunter und drüber. Es ist Mary Poppins allein, die Ordnung schaffen kann, wie in anderen Dimensionen die göttlichen Kinder, die vor aller Ordnung sind und mit denen doch die Weltordnung beginnt.

Mary Poppins gehört zu den seltsamsten Gestalten der modernen Kinderliteratur. Immer wieder wird ihr hochmütiges Wesen und ihre eitle Selbstzufriedenheit betont, auch ihre Strenge und ihre oft ziemlich unfreundliche Art den Kindern gegenüber. Dennoch ist sie ihnen eine wunderbare, heiß geliebte Freundin; sie allein erschließt ihnen die Welten der Phantasie. Als ein göttliches Kind der dreißiger Jahre des 20. Jahrhunderts trägt sie das Kleid der Gouvernante – im Kostüm der Institution Erziehung weht den Kindern die anarchische Phantasie selbst ins Haus.

Während Barbara und John schon früh die Ursprungswelt der All-Einheit vergessen müssen und Michael und Jane nur von Zeit zu Zeit noch einmal hinter den Vorhang blicken dürfen, den Mary Poppins für sie lüftet, fällt den Kindern in C.S. Lewis' Narnia-Büchern ein ganzes Weltreich zu, in dem die andere Seite – die Nicht-Zeit – des Ursprungs gilt. Allein, nur unterstützt durch die fast stumme Ermunterung eines alten Professors, finden sie den Weg durch einen Wandschrank, der sie in das Land der phantastischen Abenteuer führt. Sie geraten dort in große Gefahren, greifen ins politische Geschehen ein, finden mächtige und liebenswerte Freunde und werden gar Könige. Erst am Ende des zweiten Bandes wird ausgesprochen, daß Narnia das Privilegium der Kinder ist, das Land, von dem die Heranwachsenden für immer scheiden müssen. Noch einmal dürfen die jüngeren von ihnen zurückkehren, aber am Ende des dritten Abenteuers spricht der Herrscher von Narnia auch zu Lucy und Edmund: »Du und dein Bruder, ihr werdet nie mehr nach Narnia zurückkehren. […] Ihr seid zu alt, Kinder […] und ihr müßt anfangen, eurer eigenen Welt näherzukommen.« (Lewis 1989, 191)

Nicht weniger deutlich als Pamela Travers das freilich als Ganzes immer unsichtbare Reich Mary Poppins', kennzeichnet C.S. Lewis sein Narnia als das Land der Phantasie. Die Vergnügungen, die Mary Poppins den Kindern bereitet, sind jedoch nur wie süße Bruchstücke, und sie entsprechen den kleinen, alltäglichen phantastischen Wünschen von Kindern: Karussell fahren durch das Weltall, vor Lachen buchstäblich an die Decke steigen, mit einem Luftballon in der Hand durch die Luft spazieren gehen. Alle Wunscherfüllungen lassen Fragen zurück – unbeantwortete Fragen und ungelöste Rätsel. Narnia dagegen ist bis ins kleinste Detail ausgestattet mit den phantastischen Requisiten der Kinderliteratur, der Märchen, Fabeln, Sagen, Robinsonaden und Schiffsabenteuer, kurz dem gesamten Bildungsgut eines gut bürgerlichen englischen Kinderzimmers. Hier treten, wie später in Michael Endes Phantásien, all die Geschöpfe auf, die die menschliche Phantasie erschaffen hat – wie sie die Pädagogen für die Kinder zurecht geschnitten haben: Zwerge und Faune, Hexen und sprechende Tiere, der König Löwe und sogar der Gott Bacchus mit seinen Mänaden, in kunterbuntem Durcheinander. Das alles verwandelnde Wasser der mythischen Ursprungswelt erscheint hier als Verschnitt aus E.A. Poe und Jules Verne. Auch mit der sozialen Andersartigkeit ist es in dieser Welt nicht weit her. Hier herrschen die gleichen moralischen Prinzipien wie im Internat: Fairneß, kameradschaftliche Hilfsbereitschaft, selbstloser Mut sind die Tugenden, nach denen sich die Kinder zu richten haben. Egoismus, Nörgelei, schlechte Laune, Zimperlichkeit, Naschsucht werden den von diesen Lastern befallenen Kindern genauso konsequent ausgetrieben wie auf einer Jugendgruppenreise zum Zweck der Gemeinschaftsbildung. Von der (weitgehenden) moralischen Indifferenz der anarchischen Mary Poppins ist hier nichts mehr zu spüren. Das Reich der kindlichen, von den Ursprungswassern her quellenden Phantasie ist zur Sozialisationsinstanz geworden. – Die pädagogische Konsequenz aus dem solcherart verdinglichten und funktionalisierten Mythos ist trivial. Sie lautet: Kinder haben (noch) viel mehr Phantasie als die Erwachsenen, die aus ihr ausgetrieben wurden. Kindern sind »von Natur aus« kreativ. Auf das Wecken und Fördern von Phantasie durch Erziehung kann verzichtet werden.

## Göttliches Waisenkind, Opferlamm und Erlöser

Anders als bei Mary Poppins sind in Narnia am Ende alle Rätsel gelöst, alle Fragen beantwortet – bis auf einen geheimnisvollen Ausspruch. Ihn zu verstehen wird, jedenfalls heute, kaum ein lesendes Kind in der Lage sein, wohl aber der erwachsene Mitleser. Aslan, der Löwenkönig von Narnia, ist ein göttliches Wesen. Eng an den Evangelientext gelehnt, durchschreitet er sein Gethsemane und seine Passion, um wieder aufzuerstehen und als Auferstandener sich denen zu zeigen, die an ihn glauben – zuallererst dem jüngsten, dem Ursprung nächsten Kind, Lucy. Als er sich von ihr und dem zweitjüngsten, Edmund, verabschiedet, sagt Lucy:

»Und wie können wir leben, wenn wir dich nicht mehr sehen.«
»Aber ihr werdet mich sehen, meine Liebe«, sagte Aslan.
»Bist – bist du auch dort?« fragte Edmund. »Ja«, antwortete Aslan. »Aber dort trage ich einen anderen Namen. Ihr müßt lernen, mich unter diesem Namen zu nennen. Und dies ist der Grund, warum ihr nach Narnia gelangt seid – da ihr mich in Narnia ein wenig kennengelernt habt, lernt ihr mich vielleicht in eurer Welt noch besser kennen.« (Lewis 1989, 191)

Unversehens ist aus der phantastischen Eskapade eine Religionsstunde geworden. Den Kindern begegnet der Heiland noch in der Löwengestalt der Fabel. Bald werden sie das Lamm im Gottesdienst unter seinem wahren Namen wiederfinden. Die Kleinen sammelt er um sich im Reich der Phantasie. – Die Passionsgeschichte findet sich so selten nicht als Kinderbüchern untergelegtes Text-Substrat. Nur ist sie mit den mythischen Kindheitsbildern meist anders verknüpft als in C.S. Lewis' Narnia, in dem der Mythos der kindlichen Ursprungswelt zur religiösen Frühunterweisung umfunktioniert ist. Nach der All-Einheit, der schöpferischen (phantastischen) Produktivkraft, die das göttliche Kind im vorigen Abschnitt verkörperte, tritt es uns nun in der Gestalt des einsamen Kindes entgegen. Das göttliche Findel- oder Waisenkind, dessen Verlassenheit manchmal die Mutter teilt, wird, nach Kerényi, »von außerordentlichen Gefahren bedroht; vom Verschlungenwerden wie Zeus; vom Zerrissenwerden wie Dionysos.« (Jung/Kerényi 1941, 44) Sein Entrinnen oder seine Regenerationsfähigkeit sind wunderbar.

In der christlichen Mythologie ist Jesus das göttliche Waisenkind: gejagt von den Schergen des Herodes, auf der Flucht mit der wehrlosen Mutter. Typologisch ist das Schicksal des Kleinkindes die Präfiguration der großen Passion am Kreuz. Die Renaissance-Maler haben sie dem Jesuskind als traurige Physiognomie eingeschrieben oder – eindeutiger – die Passionswerkzeuge in seine Nähe oder gar in seine Hände gelegt. An der Aura des göttlichen Kindes, das schon die Schmerzen des Opfertodes vorzufühlen scheint, partizipieren sehr viele Kinder in Kinderbüchern – ebenso wie an seiner heilsgeschichtlichen Bedeutung. Indem es alle Schuld auf sich lädt und stellvertretend für die Menschen leidet, wird das Kind zum Erlöser. Die Geschichte vom bäuerlichen Waisenkind Heidi folgt dem Passionstext so gut wie die von der Prinzessin Sara, der Tochter eines reichen Kolonialoffiziers. Die kindlich-glückliche Existenz beider Kinder wird zerstört. Allen Trostes beraubt, bleiben sie als einsame Waisenkinder zurück. Abgetrennt von den Menschen, die sie lieben, leiden sie einen symbolischen Tod, um glorreich daraus aufzuerstehen und die Welt, deren Verfallenheit an die Sünde ihr Unglück hervorgebracht hat, heilzumachen. – Die Katastrophenbücher von Gudrun Pausewang folgen diesem selben Erzählmuster. Die Schuld der Eltern bringt über die Kinder das tödliche Verderben, und wenn es eine Hoffnung für die Menschheit gibt, dann ist sie nicht von den erwachsenen Adamskindern zu erwarten, sondern einzig von den unschuldigen Kleinen. Kein neuerer Kinderbuchautor hat entschiedener als Michael Ende den Mythos vom Waisenkind als Heiland, von seiner Passion und Auferstehung seinen großen Kinderromanen zugrundegelegt: Jim Knopf, Momo, der Unendlichen Geschichte.

Was leistet die Mythisierung des einsamen Kindes für das Buch als literarisches Werk? Als allbekanntes Erzählmuster rhythmisiert sie die Handlung, dem Dreischritt der Passion folgend: Leiden, Tod bzw. symbolischer Tod, Auferstehung. In diesem Rahmen entfaltet sich die erzählende Phantasie, spielt mit anderen Elementen der christlichen Mythologie – wie Michael Ende im »Jim Knopf« mit der Apostelschar, die er als Wilde Dreizehn auftreten läßt, bis im Augenblick ihrer Wendung zum Guten die Piraten sich ihrer heilsgeschichtlich bedeutsamen Zwölfzahl bewußt werden. Verschiedene Mythologeme werden miteinander verknüpft, und so gewinnt der Autor ein differenziertes, vielschichtiges Erzählgewebe, dessen Reiz für den Leser nicht zuletzt durch seine große Tradition in der Literatur bezeugt ist – denken wir an das berühmteste Beispiel einer literarischen Passion, an Werthers Leiden.

Was den psychologisch-pädagogischen Kontext betrifft, sowohl im Binnenraum der Handlung als in der Beziehung zwischen Leser und Geschichte, so findet sich bei C.G. Jung eine

Beschreibung und Bewertung der Leistung dieser mythischen Überhöhung:

> Wenn die der Krankheit zugrundeliegende archetypische Situation in der richtigen Art und Weise zum Ausdruck gebracht werden kann, so ist der Patient geheilt. Wird kein entsprechender Ausdruck gefunden, dann wird der Patient auf sich selbst, in den isolierten Zustand des Krankseins zurückgeworfen; er ist allein und hat keine Verbindung mit der Welt. Wenn ihm aber gezeigt wird, daß sein besonderes Leiden nicht nur *sein* Leiden ist, sondern ein allgemeines – sogar das Leiden eines Gottes – dann befindet er sich in der Gemeinschaft von Menschen und Göttern, und dieses Wissen erzeugt eine heilende Wirkung. Die moderne geistliche Therapie geht in der gleichen Weise vor: Schmerz oder Krankheit wird mit dem Leiden Christi verglichen, und diese Vorstellung wirkt tröstlich. Das Individuum wird aus seiner elenden Einsamkeit herausgehoben und erweist sich als ein Mensch mit einem heldenhaften, sinnvollen Schicksal, das, wie das Leiden und Sterben eines Gottes, letzten Endes der ganzen Welt zugute kommt. (Jung 1975, 124 f.)

Es kann wohl sein, daß wir und unsere Kinder auf diese Sinngebung durch mythische Überhöhung nicht verzichten können. Daß sie bedenklich dicht am billigen Trost der Illusion ist, können wir jedoch auch nicht übersehen. Doch mag in einer trostlosen Welt billiger Trost besser sein als gar keiner.

Es bleiben indes einige Fragen. Wenn wir den Kindern ihre Passionen zuschreiben, wählen wir dann nicht ein wehrloses Lamm zum Opfer, um unsere eigene Sehnsucht nach Entsühnung und Erlösung zu stillen? Sind die realen Kinder, die sich vielleicht ganz gern in der hohen Rolle spiegeln, nicht überfordert mit dem moralischen Anspruch, den die krypto-christlichen Helden an sie herantragen? Sind am Ende die leidenden und wieder auflebenden Kinder in den Kinderbüchern vor allem Trostbilder für uns Erwachsene? Verwandt den göttlichen Kindergestalten auf den Grabmälern, von denen Kerényi schreibt:

> Was der antike Mensch sich dadurch vergegenwärtigte, war nicht nur das schwebende Gleichgewicht der beiden Richtungen jenes Zustands – das Schweben der Kinder und der Verscheidenden zwischen Dasein und Nichtsein – sondern die sichere Umkehr der nach unten führenden Richtung nach oben: die Entfaltung zum Höchsten, das Hervortreten des Allerstärksten aus dem Allerschwächsten. (Jung/Kerényi 1941, 102)

Immerhin mag diese Umkehrung der Machtverhältnisse auch eine Ermutigung für unsere Kinder sein. Und hieße das nicht, daß allein schon die Erzählstruktur der Passionsgeschichte: daß sie an den tiefsten Punkt führt, immer aber von dort unten wieder hinauf in ein glänzenderes Licht – eine tröstende und ermutigende Wirkung haben könnte?

## Der göttliche Schelm

Erzählen als Trost und als Ermutigung – das wäre kein schlechtes Konzept für eine Kinderliteratur. Das alte Mythenreservoir hält noch ein anderes Mittel gegen die Traurigkeit bereit als die Passionserzählung: das Lachen. Weit älter als die vergleichsweise junge Geschichte vom göttlichen Kind, das mit der Welt nicht Ball spielt, sondern sie – wie der Riese Atlas – mit all ihrer Schuldenlast auf seinen kleinen Schultern trägt, ist die vom göttlichen Schelm. Es scheint, daß die Figur des Schelms oder Tricksters sehr weit verbreitet ist in den Mythologien der ganzen Welt. Indianische und afrikanische Völker kennen ihn, in unseren Märchen tritt er in verschiedenen Gestalten auf, am leichtesten erkennbar wohl in den Däumlingsgeschichten. Eine schwer zu deutende und in keiner Weise einheitliche Figur ist dieser Schelm. In vielen Mythen ist er ein Tier (z.B. Koyote, Spinne, Hase oder Rabe). Er kann in ein und derselben Geschichtenreihe als Schöpfergott, Zerstörer und Kulturheros auftreten. Obgleich kein Zweifel an seiner (meist überproportionierten) Männlichkeit besteht, verkleidet er sich in zahlreichen Geschichten auch als Frau und trägt androgyne Züge. Es mag viele seiner Sonderbarkeiten erklären, wenn wir ihn als wandernd schweifenden Phallus selbst auffassen. Doch mehr ist gewonnen, wenn wir diese Bedeutung wie andere auch nur durch die Falten des Fächers, den seine Geschichten bilden, hervorblitzen sehen. Die Zwei- und Mehrdeutigkeit gehört zu seinem Wesen, und jede Reduktion auf Eindeutiges beraubt uns des Besten, seiner farbigen Vielfalt.

Im griechischen Olymp ist Hermes der Gott mit den Schelmenzügen. Seine Epiphanie zeigt ihn der Welt als Kind – auch in den indianischen Geschichten eine Erscheinungsweise des Schelms –, als Säugling in der Wiege – aber als was für einen Säugling: »Frühmorgens wurde er geboren, mittags spielte er auf der Leiter, abends stahl er die Rinder des Apollon.« (Kerényi 1979, 130) Die geraffte Version verschweigt, daß er die Leier selbst erfand. Er tötete die Schildkröte und stellte aus ihr das erste Musikinstrument her. So ist seine erste Tat die eines Kulturbringers, und seine Kindheitsgeschichte ist zugleich ein Mythos vom Ursprung der Musik und der Dichtung. Nach dieser Tat hat er Hunger, Götterhunger, der das Fleisch nicht verschlingen will, sondern genug hat am Duft des Opfers. Nachdem er zwei der Rinder seines mächtigen Bruders sich selbst geopfert hat, schlüpft er wieder in seine Windeln. Auf die Vorhaltungen der Mutter erwidert er: »Warum diese Worte, Mutter, wie zu einem kleinen Kinde, das zwar noch nicht viel Böses versteht, aber leicht erschrickt und sich fürchtet, wenn die Mutter es ausschilt!« (Kerényi 1979, 132) So viel unschuldige und raffinierte Kindlichkeit entwaffnet sogar seinen erzürnten Bruder Apoll, und als das scheinheilige Wickelkind in seiner Hand einen »bösen Boten des Bauchs« fahren läßt, wie Kerényi es ausdrückt, muß sich Apoll auf den Boden setzen, so muß er lachen – nicht weniger als der Göttervater Zeus selbst, vor den schließlich die Geschichte kommt. In der göttlichen Kinderstube riecht es ganz menschlich nach schmutzigen Windeln. Die skatologischen Scherze gehören auch in anderen Mythologien wesentlich zum Schelm.

Hier ist nicht der Raum, die Wandlungen und Wiedergeburten des Schelms in der Literaturgeschichte nachzuzeichnen. Mit dem pikarischen Roman ist zugleich ein zentrales Kapitel der europäischen Literatur geschrieben. Seine Pendants in der Kinderliteratur hat Malte Dahrendorf in seinen Aufsätzen über die unartigen Kinder und die Lausbuben und -mädchen dargestellt, von Huck Finn bis Pippi Langstrumpf, von Max und Moritz bis zu Konrad aus der Konservenbüchse. Malte Dahrendorf konstatiert, daß durchaus nicht alle Möglichkeiten der Schelmenfigur in der Kinderliteratur ausgeschöpft sind. (Doderer 1986, 199) – Astrid Lindgren nahm schon früh Abschied vom Schelm. Wenn auch Schelmisches immer mal wieder bei ihr durchblitzt, überwiegen in ihrem Werk doch die sentimentalen Kinderpassionen wie »Mio mein Mio«. Sie ist darin, wie in vielem, nicht nur repräsentativ, sondern wegweisend für die Kinderliteratur. Zwar erlebte der Schelm eine kurze Renaissance in der antiautoritären Phase. Doch die meisten ihrer Kinderbuchfiguren haben nur ein kurzes, fiebriges literarisches Leben gehabt. Einer ihrer langlebigen Abkömmlinge ist Paul Maars Sams von 1973 (mit einer Fortsetzung 1980), das Produkt eines Wortspiels und mit allen Zügen des göttlichen Kindes ausgestattet, amphibisch, halb Mensch, halb Frosch, mit magischen Kräften begabt, gefräßig und geeignet, jede bürgerliche Ordnung in kürzester Zeit in ein Chaos zu verwandeln. Bald nach dem ersten Auftritt des Sams veröffentlichte James Krüss eine an Kinder gerichtete Nacherzählung des von Paul Radin mitgeteilten Schelmenzyklus' der nordamerikanischen Winnebago-Indianer: »Der kleine Flax« (1975). Dann aber wenden sich die Autoren entschieden den Kindheitsmythen der Ursprungswelt und der kindlichen Passion zu, die so viel Raum bieten für moralisierende Sentimentalität. Aus dem starken Täter-Kind wird das mitleiderregende Opfer, das nun auch das Kindheitsbild der Pädagogen prägt.

Der Schelm ist eine durch und durch antisentimentale Figur. Jeden Anflug von Mitleid, das der oft grausam übertölpelte wecken könnte, macht er zunichte durch seine eigene Unbedenklichkeit. Moralisch indifferent treibt sich der ewig Wandernde durch seine Geschichten. Auf unsere festgefügte Ordnungswelt richtet er den fremden, unbestechlich scharfen Blick des Ungebundenen. Indes hat er Züge, die unsere Zeit interessieren müßten. Wie meine erste Verkörperung des göttlichen Kindes, Mary Poppins, spricht er die Sprache aller Dinge: »Im Dahinschlendern nannte er alle Dinge der Welt, wenn er mit ihnen sprach, ›kleinen Bruder‹. Er und alle Dinge dieser Welt verstanden einander, wahrlich, sie redeten die gleiche Sprache.« (Jung/Kerényi/Radin 1979, 17) So heißt es im indianischen Winnebago-Zyklus. Diese Geschichtenreihe beginnt damit, daß der Held eine Kriegszeremonie parodierend sabotiert, daß er die heiligen Kriegsgeräte der (sehr kriegsbegeisterten) Winnebagos zerstört. Als Friedensheld ist er es, der die Welt bewahrt:

> Durch ihn geschah es, daß die Erde ihre heutige Gestalt für immer erhielt, ihm ist es zu verdanken, daß heute darauf alles unbehindert weitergeht. Zwar stimmt es, daß die Menschen seinetwegen sterblich sind, daß sie stehlen, daß Männer Frauen mißbrauchen, daß sie alle lügnerisch, faul und unzuverlässig sind. Ja, er ist für all dies verantwortlich. Aber eines hat er nie getan: er zog nie auf den Kriegspfad, nie führte er Krieg. Wadjunkaga durchstreifte diese Welt und liebte alle Dinge. Er nannte sie seine Brüder und trotzdem wurde er von allen mißhandelt. Nie konnte er jemandem einen Vorteil abgewinnen. Jeder trieb seinen Spaß mit ihm. (Jung/Kerényi/Radin 1979, 132)

Es fällt nicht schwer, in diesen letzten Worten einen anderen Mythos, den der göttlichen Passion, durchschimmern zu sehen. Was wir isolieren, um es zu begreifen, gehört auf einer anderen Eben zusammen, und Jesus kann so gut als eine Verkörperung des göttlichen Schelms gelten, wie – deutlicher – der kindliche Heilige Franz von Assisi seine Züge trägt. Ein Friedensheld also ist der Schelm, ein Gegenbild alles Kämpferisch-Heroischen. In der Epoche der »Helden des Rückzugs« (Enzensberger 1989) eine höchst aktuelle Gestalt!

Für die Literatur kommt ihr noch eine weitere, eine grundlegende Bedeutung zu. Im Schelmenmythos verbirgt sich nämlich ein Mythos vom Ursprung des Erzählens. Dem Coyoten eines Indianerstamms wird, Kerényi zufolge, die Fähigkeit zugeschrieben, »Schelmengeschichten, die nicht wahr sind, sondern von ihm, der tierischen Entsprechung des Erzschelmen erfunden wurden, grenzenlos zu erzählen.« (Jung/Kerényi/Radin 1979, 161) Der Schelm macht Geschichten, wo immer er auftritt, denken wir an den ersten Lebenstag des Gotteskindes Hermes – er produziert sie, erzählt sie, verdreht sie, erfindet Lügen. Sein Leben ist identisch mit dem Erzählen und dem Erzählten. Indem er durch die Welt zieht, verwandelt sie sich unter seinem Blick in eine Reihe von Geschichten.

In einem heute weitgehend vergessenen Kinderbuch sind

viele Möglichkeiten der Schelmenfigur und besonders ihre erzählerische Potenz aufs schönste realisiert: in Gertrud B. Vogts 1954 und 1956 in zwei Bänden erschienener »Unerhörten Geschichte einer langen Reise«: »Tunt« und »Tunts Heimkehr«. Die Geschichte fängt damit an, daß Tunt angelt. Er fängt einen Fisch und freut sich schon aufs Mittagessen, da sagt der Fisch »Umgekehrt ist auch was wert« und verschlingt Tunt. Doch er behält nicht das letzte Wort. Der Fisch wird vom Koch eines Segelschiffs gefangen, es gelingt Tunt, sich aus dem Fischbauch zu befreien und: »›umgekehrt ist auch was wert‹, sagte Tunt, als er das letzte Stück vom Fisch in den Mund steckte.« (Vogt 1954, 14) Tunt, nach seiner Auferstehung aus dem Fischbauch ein verlassenes Kind auf dem Meer und sofort von neuem mit dem Tode bedroht, erweist sich schnell als weit mächtiger, als Mitspieler und Leser vermuteten. Er besitzt eine Zauberflöte, mit der er die Vögel herbeirufen kann; die Vögel machen Wind und erlösen das Schiff aus einer elenden Flaute.

Der furiose Beginn enthält viele Motive der Kindheitsmythen: das Wasser, mit dem alles anfängt, und den Fisch, verschränkend Tod und Leben, Essen und Gefressenwerden; auch die unsentimentale Selbstverständlichkeit im Umgang mit Tod und Leben ist ein vertrauter Zug aus den Schelmengeschichten der göttlichen Kinder; die Musik mit ihrer magischen Gewalt; das Kind, so klein, daß es in den Bauch eines Fisches paßt, so groß, daß es den Winden gebietet: ohnmächtig-mächtiges Waisenkind. Und: kaum ist Tunt auf der literarischen Bühne erschienen, beginnen die Geschichte. Er selbst macht und erzählt sie und läßt sie sich erzählen. Unaufhörlich quillt hier der Strom der Erzählens, buntgescheckt aus mal alten Stoffen und Figuren, mal neu erfundenen gemischt.

Weil das Erzählen und das Wanderleben Tunts ein und dasselbe sind, gibt es keine Grenze zwischen den Gestalten aus den Geschichten und denen, die sie erzählen. Sie begegnen einander, die erzählen sich ihre eigenen Fortsetzungen, sie leben die eigenen Fortsetzungen. Tunt ist in den Geschichten, aber zugleich auch außerhalb: Er der nirgends bleibt, der immer wieder aufbricht, hat Distanz zu ihnen und kann sie kommentieren, diskutieren, befragen. Die Forderung Winfred Kaminskis und früher noch Bausingers, den er zitiert: das Märchen müsse ironisch sein, denn: »Romantik ohne Ironie (aber) setzt sich ständig der Gefahr aus, trivial zu werden.« (Kinderwelten 1985, 83) ist hier erfüllt. Der Schelm ist nicht zuletzt eine Verkörperung dieser Ironie, die das Spiel der Fiktionen schafft, durchbricht, belacht, wieder herstellt und sie alle durchwandert: mit dem wachen fremden Blick des Kindes. Auch in den Schelmengeschichten erfährt das Kind seine mythische Erhöhung. Dabei gerät aber das reale Kind mit seinen Fragen, irdischen Wünschen, seiner Lust am Lachen und am Leiblich-Grotesken nicht in Vergessenheit. In den Schelmengeschichten ist es aufgehoben. Zugleich vermitteln sie ihm die Tröstungen und Ermutigungen aller alten Kindheitsmythen. Mehr: Sie bringen es zum Lachen. Und was löst sicherer Spannungen und Ängste und Feindseligkeiten als das Lachen. Es ist allerdings immer gefährdet, bedroht von Sentimentalität, aber auch von anderen Gewalten; ist es doch subversiv, gegen die bestehenden Ordnungen gerichtet und gegen die Popanze der Macht. Ist der göttliche Schelm unsterblich? Über dreißig Jahre später als Tunt, 1987, taucht er als »Goldener Schweif am Horizont von Thumbach« auf: Benito Wogatzkis »Satti«, mit vollem Namen Jürgen-Wolfgang Satrapichanowski, ist eine seiner jüngsten Erscheinungen. Satti, neu in der DDR-Kleinstadt und ihrer Schule, braucht nur »als« zu sagen, und schon kommen die Geschichten von selbst aus seinem Mund. Mit ihnen unterhält er das verschlafene Thumbach und hält vor allem die angebetete schöne Claudia in Atem. Sie ist geradezu süchtig nach seinen Geschichten, immer noch ein »als« schmeichelt sie ihm heraus. Aber Satti lebt in einer aufgeklärten Welt, in der die Sprichwörter noch Recht haben: Wer einmal lügt, dem glaubt am Ende niemand, daß die Großmutter wirklich sehr krank ist. Da ist es denn gut, daß der Thumbacher Bürgermeister Geschichten nicht mag, die Tatsachen liebt und so gut wie keine Fehler macht. Er verbietet kurzerhand das Wörtchen »als«: »Alle mußten einsehen, daß dieses Wort bereits der Anfang zu einer umständlichen Lebensweise war.« (Wogatzki 1989, 158) Der goldene Schweif am Horizont von Thumbach erlischt. Satti, einer der liebenswürdigsten neuen Helden des Kinderbuchs, schweigt. Manche Verhältnisse machen sogar den Schelm mundtot. Oder sollte er sich nur im Autor versteckt haben, der sein ordentliches Land, in dem Geschichten und Schelme mit einem »vertraulichen Schriftstück« erledigt wurden, das Recht und die Macht, seine Bewohner aber die heimliche Sehnsucht nach dem goldenen Schweif des Erzählens haben läßt?

*Übersetzung des Zitats S. 116:*
Die Figur mythisieren heißt das Kind symbolisieren, das Kind, das entwirklicht, sentimentalisiert und eingefügt wird in ein Wertsystem, dessen Mittelpunkt es bildet. Um das Kind herum gruppieren sich die anderen Personen, die Umwelt, die sozialen Strukturen, die Ereignisse, die positiv oder negativ eingeschätzt werden je nach der Beziehung zum Wert »Kindheit«, der in der Figur des Kindes verkörpert ist. (Übers. G.M.)

## *Literatur*

Burnett, Frances Hodgson: Prinzessin Sara. Hildesheim 1989.

Chombart de Lauwe, Marie-José: Un monde autre: l'enfance. De ses représentations à son mythe. Paris 1971.

Dahrendorf, Malte: Das ›unartige Kind‹ in Beispielen der historischen und gegenwärtigen Kinderliteratur. In: Schiefertafel VII, H. 3/1984, 103–114.

Dahrendorf, Malte: Lausbuben. Alltagshelden in der neuen deutschsprachigen Kinderliteratur. In: Doderer, Klaus (Hrsg.): Neue Helden. Weinheim, München 1986.

Enzensberger, Hans Magnus: Die Helden des Rückzugs. In: FAZ vom 9.12.1989, Nr. 286, 27.

40 Jahre Der Kinderbuch Verlag Berlin – 1949–1989.

Jung, Carl Gustav: Über Grundlagen der Analytischen Psychologie. (Die Tave'stock Lectures 1935) $^2$Olten, Freiburg 1975.

Kaminski, Winfred: Das Innenbild der Außenwelt. Annotationen zu den Kindergestalten im Werk Michael Ende. In: Kinderwelten. Weinheim, Basel, 1985, 71–85.

Kerényi, Karl: Mythologische Epilegomena. In: Jung, C.G./Kerényi, Karl/Radin, Paul: Der göttliche Schelm. Ein indianischer Mythenzyklus. $^2$Hildesheim 1987.

Kerényi, Karl: Die Mythologie der Griechen. Bd. 1, [4]München 1979.
Kerényi, Karl: Das Urkind in der Urzeit. In: Jung, C.G./Kerényi, Karl: Einführung in das Wesen der Mythologie. Amsterdam, Leipzig 1941.
Krüss, James: Der kleine Flax. Hamburg 1975.
Lewis, Clive S.: Ein Schiff aus Narnia (1952). Dt. München 1989.
Maar, Paul: Eine Woche voller Samstage. Hamburg 1973.
Maar, Paul: Am Samstag kam das Sams zurück. Hamburg 1980.
Radin, Paul: Die Winnebago und ihr Schelmenzyklus. In: Jung, C.G./Kerényi, Karl/Radin, Paul: Der göttliche Schelm. [2]Hildesheim 1979.
Spyri, Johanna: Heidis Lehr- und Wanderjahre. Heidi kann brauchen, was es gelernt hat (1880/81). Würzburg 1988.
Travers, Pamela L.: Mary Poppins (1934; u.a. Bände). Zit. nach der einbändigen Ausgabe Hamburg 1984.
Vogt, Gertrud B.: Tunt und Die unerhörte Geschichte einer langen Reise. Baden-Baden 1954.
Vogt, Gertrud B.: Tunts Heimkehr: Zweiter Teil und Ende von Tunts langer Reise. Baden-Baden 1956.
Wogatzki, Benito: Satti. Stuttgart, Wien 1989 (zuerst u.d.T.: Ein goldener Schweif am Horizont von Thumbach. Berlin ›DDR‹ 1987).
Zimmer, Heinrich: Abenteuer und Fahrten der Seele (1948). Zürich, Stuttgart 1961.

Karin Richter

# Erzählen für Kinder

Zum Struktur- und Funktionswandel der
Kinder- und Jugendliteratur in der DDR

Eine Zeit, in der ein Staat seine Existenz aufgibt, provoziert Nachdenken: Was wird von diesem Staat bleiben? Was verdient, bewahrt zu werden? Für eine beträchtliche Reihe literarischer Erscheinungen – auch jener für junge Leser – dürfte eine positive Antwort zu geben sein. Diese Antwort involviert aber zwangsläufig auch die Fragen: Wie hat die Kinder- und Jugendliteratur der DDR gewirkt? Hat sie sich angepaßt oder hat sie sich als kritisches Element der Gesellschaft verstanden? Hat sie auf ihre Weise die Wende mit vorbereitet? Worin hat sie ihre Funktion gesehen? Wie waren die kinderliterarischen Texte strukturiert und welche »Botschaften« enthielten sie für ihre Leser?

Ohne Übertreibung läßt sich sagen, daß die Kinder- und Jugendliteratur der DDR mit ihren besten Dichtungen den Inhalten der Wende längst entsprach und sie damit gleichsam künstlerisch vorwegnahm.

Ich möchte das an einem auffälligen Beispiel zeigen, an einem kürzlich erschienenen Buch, das bereits 1987 dem Kinderbuchverlag Berlin angeboten wurde, dessen Produktion sich aus verschiedenen Gründen verzögerte, so daß es bereits bei seinem Erscheinen von der gesellschaftlichen Realität eingeholt war: Ich meine Christa Kožiks Kinderbuch »Die Katze Kicki und der König«. Die Bezüge zwischen dieser phantastischen Geschichte und der DDR-Realität sind unverkennbar, vielleicht sogar zu leicht entschlüsselbar, so daß der Reiz, der von der Geschichte ausgeht, nicht bis zum Ende der Lektüre gleichermaßen aufrechtzuerhalten ist. Die Katze Kicki hat neben der Fähigkeit zu denken und zu sprechen gleichzeitig eine Veranlagung, die vielen Politikern im Maien-Land ein Dorn im Auge ist: sie vermag, die Wahrheit zu riechen. Kicki wird Beraterin des Königs in diesem Lande, der bisher davon überzeugt war, daß in seinem Herrschaftsgebiet alles zum Besten stehe. An ihrer Seite entdeckt er nun die Realität, die sich durch eine bemerkenswerte Ferne zu der in den Regierungsblättern dargestellten Wirklichkeit auszeichnet. In ihren Bemühungen, den König zu läutern und ihn von seinen falschen Ministern zu isolieren, wird die Katze durch den König von Oktober-Land unterstützt, der dem König des Maien-Landes unmißverständlich erklärt: »Das Volk braucht die ganze Wahrheit!« Jenes dem Volksmärchen entlehnte Bild vom guten, aber ahnungslosen Monarchen, der von seinen bösen Beratern verführt wird, kann nicht einfach als eine »Verzeichnung der Realität« interpretiert werden. Es ist vielmehr fiktiver Ausdruck einer weitverbreiteten Ansicht, daß man im Zentrum der Macht nur deshalb falsche Entscheidungen treffe, weil man nicht über die richtigen Informationen verfügt und deshalb den Willen des Volkes nicht kennt. Dahinter verbirgt sich auch die Hoffnung auf mögliche Veränderungen innerhalb bestehender gesellschaftlicher Strukturen. Wesentlicher Träger dieser Hoffnungen war nicht nur in diesem poetischen Text, sondern auch in vielen anderen Kinderbüchern das kindliche Wesen. Die veränderte Stellung kindlicher Figuren ist eine der wesentlichen Wandlungen in der Kinder- und Jugendliteratur der DDR, die sich verstärkt seit den siebziger Jahren erkennen läßt. Damit einher gehen Veränderungen im Adressatenbezug: Der Erwachsene wird nicht mehr nur in seiner Vermittlerrolle angesprochen; in vielen Texten für Kinder ist er impliziter Leser. In einzelnen Kinderbüchern (z.B. Alfred Wellm »Das Mädchen mit der Katze«, 1983) ist die »erwachsenenliterarische Seite«[1] sogar die dominierende. Diese Wandlungen in den Leserrollen in Dichtungen für Kinder sind aber nicht als isolierte Erscheinungen zu betrachten. Erst der Kontext zu anderen Aspekten der Funktions-Struktur-Beziehungen literarischer Kommunikationsprozesse erhellt die Ursachen und die Probleme eines veränderten Adressatenbezuges im Kinderbuch.

Die neuen Züge, die seit den siebziger Jahren in der Kinder- und Jugendliteratur der DDR wahrnehmbar sind, spiegeln sich in einem veränderten Verhältnis zwischen dem Schöpfer der Kunstwelt und dieser Kunstwelt selbst wider. Sie sind Ausdruck einer differenzierten Funktionsbestimmung mit dem Blick auf einen spezifischen Adressatenkreis. Die neue Qualität im Verhältnis Autor-Werk-Leser wird besonders bei einem Vergleich mit den bis weit in die sechziger Jahre hinein dominierenden literarischen Vorgängen augenfällig. Diese waren insofern abgeschlossen, als der Erzähler »souverän« seine Kunstwelt beherrschte: Eine Handlung wurde vorgeführt, die den *eindeutigen* Weg zur Lösung der Konflikte (oft waren es eher Komplikationen als »klassische« Konflikte) widerspiegelte. Nicht der Leser hatte an dieser Lösung mitzuarbeiten, sondern über den Kontakt zwischen dem Helden und dem Leser sollte letzterer die Geschichte als eigene erfahren und daraus Lehren für das eigene Handeln ziehen. Der Konflikt war zumeist so angelegt, daß im Spannungsverhältnis kindlicher Held – soziales Umfeld Veränderungen vor allem auf Seiten der Kindfigur notwendig erschienen, während das soziale Umfeld insgesamt keiner Korrektur bedurfte. Am deutlichsten werden diese Konstellation und die damit verbundenen Wirkungsabsichten in Geschichten sichtbar, in denen ein Außenseiter einem Kollektiv gegenübersteht, das von Anbeginn mit positiver Wertung versehen ist. Am Ende ist der Außenseiter in das Kollektiv integriert, er hat erkannt, daß sein Glück in einem Wirken innerhalb einer Gruppe besteht. Ein bezeichnendes Beispiel für eine Art glatter Ein- und Unterordnung ist Werner Kubschs Erzählung »Die Störenfriede« (1953), deren erzieherische Wirkung durch die Verfilmung noch erhöht werden sollte.

In den siebziger Jahren setzt nicht einfach – wie in der wissenschaftlichen Literatur dargestellt – eine Problematisierung der Beziehungen zwischen Individuum und Gesellschaft in der

Kinderliteratur ein, sondern die fiktiven Welten kennzeichnet eine völlig andere Auffassung von Individualität und sozialer Gemeinschaft. Einzelne Autoren gestalten in ihren Dichtungen Probleme, die ihnen in der gesellschaftlichen Wirklichkeit als nicht gelöst erscheinen oder die sie als bedenkliche Erscheinungen empfinden. Die Beziehung der poetischen Welt zu realen gesellschaftlichen Prozessen wird dabei zumeist direkt ausgestellt. Die Tatsache, daß im Vergleich zu zurückliegenden Phasen die Illusion eines abgeschlossenen Vorgangs zerstört wird, basiert auch darauf, daß der Autor Probleme ins Zentrum rückt, deren Lösung er nicht kennt, selbst wenn er eine Vorstellung von Alternativen besitzt. Der die Kunstwelt bestimmende literarische Konflikt spiegelt ungelöste Widersprüche in der gesellschaftlichen Realität bzw. menschliche Grundsituationen wider, die dem einzelnen grundlegende Entscheidungen abverlangen. Der Autor spiegelt somit nicht mehr etwas in der Realität bereits Gelöstes einem unmündigen Leser vor, sondern er lenkt die Aufmerksamkeit auf Nichtgelöstes. In den Mittelpunkt künstlerischer Darstellungen treten Fragen nach der Verwirklichung moralisch-ethischer Werte im Alltag junger Menschen, die zwei Richtungen aufweisen: es wird danach gefragt, welche Möglichkeiten die Gesellschaft dem einzelnen Individuum zu seiner Selbstverwirklichung eröffnet und inwieweit der einzelne bereit und fähig ist, im Sinne der Vervollkommnung sozialer Beziehungen zu wirken. Die Probleme und Nöte junger Menschen werden nicht vorrangig mit eigener Unvollkommenheit begründet (wie sehr häufig in der Literatur der fünfziger Jahre), sondern als Ursachen werden Denk- und Verhaltensmuster einer Gemeinschaft benannt. Das Glück des einzelnen – so läßt das Sinnpotential des Textes eindeutig erkennen – ist nur erreichbar, wenn sich grundsätzliche Veränderungen in der Gesellschaft vollziehen. Daraus resultieren zwei wesentliche Aspekte poetischer Texte, die von zwei unterschiedlichen Leserrollen getragen werden: der kindliche Leser wird ermutigt, sich zu seinen Wünschen und Besonderheiten zu bekennen und diese auch gegen Widerstände zu behaupten; der erwachsene Leser wird aufgefordert, soziale Beziehungen so zu gestalten, daß ein sinnvolles Leben auch für junge Menschen möglich wird. Am deutlichsten ist diese Art künstlerischen Wirkens in den poetischen Konzeptionen von Edith Bergner, Christa Kożik, Benno Pludra und Alfred Wellm zu erkennen.

In Christa Kożiks Erzählung »Der Engel mit dem goldenen Schnurrbart« (1983) verläßt der Engel die Sphäre des Mädchens Lilli wieder, weil er in einer Welt der Intoleranz und der Einengung der Individualität nicht leben kann. Die Maßnahmen der Schulinstanzen führen zu einer Deformation des Engels, vornehmlich sie tragen Schuld an der Trauer des vom Engel verlassenen Mädchens. Schule als Institution steht für gesellschaftliche Mechanismen, die soziale Beziehungen nicht nur einengen, sondern gefährden.

In Alfred Wellms Kinderbuch »Das Mädchen mit der Katze« wird die reiche innere Welt eines tauben Mädchens dem sinnentleerten Leben von Erwachsenen gegenübergestellt. Die Mitglieder einer »Urlaubergesellschaft« besitzen zwar die organische Fähigkeit zu hören, sind aber nicht in der Lage, diese für einen sinnvollen zwischenmenschlichen Kontakt zu nutzen. Ein Gang in das Phantasiereich des Mädchens weckt Neugierde und läßt Kommunikation entstehen. Dieses Reich Siebenland bildet einen Gegenentwurf zur kommunikationslosen Urlauberrunde; in ihm haben die Menschen Zeit füreinander, es ist eine Welt der Freundlichkeit, in der Kinder, Erwachsene und Tiere friedlich miteinander leben und auf dieser Grundlage Gefährdungen begegnen können.

In einer kleinen Welt werden die grundlegenden Widersprüche der Gesellschaft sichtbar. Wie tief Wellm die Krise der Gesellschaft in der DDR erfaßt und begriffen hat, zeigt sein Roman »Morisco« (1987), an dem er bereits arbeitete, als das »Mädchen mit der Katze« entstand. Liest man das Kinderbuch genau, erkennt man, daß Wellm bereits hier gegen die Pervertierung menschlicher Werte anschrieb. Auch wenn »Das Mädchen mit der Katze« als Kinderbuch erschienen ist, so handelt es sich um eine Dichtung, die sich an die Gesellschaft als Ganzes wendet, damit diese die Zeichen der Bedrohung ernst nimmt. Das Kind als Zentralfigur ist dabei als Hoffnungsträger angelegt; nur von ihm kann eine Erlösung kommen. Wellms Sicht gleicht unverkennbar der von Christa Kožik, die in ihren Texten das Kind als Opfer und als Erlöser, aber auch als Wesen gestaltet, das durch soziale Zwänge seiner ursprünglichen Natur zuwiderhandelt.

Unmittelbar verbunden mit der Wirkungsabsicht derart dargestellten Lebens ist die Weite des Adressatenbezuges und die Offenheit des Textes. Es in unverkennbar, daß gerade die besten literarischen Texte für Kinder zwei implizite Leser, das Kind und den Erwachsenen, aufweisen; in einigen Texten ist die Leserrolle des Erwachsenen sogar favorisiert. Die Problematik des doppelten Adressatenbezuges liegt vor allem darin, daß sich der Autor nicht einfach an den »privaten Leser« wendet, der individuell den Text rezipiert; vielmehr wendet er sich an eine Öffentlichkeit und erhofft damit mehr als die individuelle Läuterung des Einzellesers. Über die Anregung eines individuellen Vorgangs hinaus soll sich die gesellschaftliche Öffentlichkeit befragen, ob in ihrem Gemeinwesen tatsächlich humanistische Ideale verwirklicht oder ob pervertierte Lebensinhalte erkennbar sind. Die Orientierung darauf, daß Lektüre nicht nur individuelles Nachdenken auslöst, sondern gesellschaftliche Veränderungen evozieren soll, geht nicht einfach mit einer Überbewertung und Hypertrophierung von Kunst einher. Zum einen war die Erinnerung an die einmalige Literaturdiskussion der sechziger Jahre noch nicht verblaßt, als Texte von Christa Wolf (»Der geteilte Himmel«), Hermann Kant (»Die Aula«) und Erwin Strittmatter (»Ole Bienkopp«) eine vehement geführte Debatte über Fragen des Lebens im Sozialismus auslösten, an der Menschen aus allen Schichten beteiligt waren. Zum anderen ist es nahezu zwangsläufig, daß Literatur und Kunst in einer Gesellschaft, in der eine öffentliche Auseinandersetzung über öffentliche Angelegenheiten in den Medien unterdrückt wird, ihnen fremde Felder besetzen müssen, indem sie eine ihrer wichtigsten Funktionen darin sehen, gesellschaftliche Probleme öffentlich zu machen.[2] Einer sozialen Gemeinschaft soll mit einer fiktiven

Welt der Spiegel vorgehalten werden: zur Warnung und mit der Aufforderung zur Veränderung der realen Welt. Das bedeutet übrigens weder für die Literatur für Erwachsene noch für die Kinder- und Jugendliteratur eine Einschränkung der Literarizität. Sowohl durch die Wahl phantastischer Erzählstrukturen (Pludra, Kožik, Wellm, Tetzner) als auch durch poetische Bilder und Motive (Bergner, Pludra, Fühmann, Seidemann) wird einer platten Widerspiegelung entgegengewirkt.

Die Offenheit von kinderliterarischen Texten insistiert vor allem auf einer Aktivität des jungen Lesers, die vorrangig darin bestehen soll, die Vorgänge in der Dichtung tief genug zu erfahren und aus ihnen Anregungen zu gewinnen, sich selbstbewußt in individuellen und gesellschaftlichen Prozessen zu artikulieren. Diese Maxime werden bereits in Bilderbuchgeschichten sichtbar, wobei der Altersgruppe gemäß häufig eine Tierwelt mit menschlichen Problemen vorgestellt wird. Ein Beispiel dafür ist Gerhard Holtz-Baumerts »Hasenjunge Dreiläufer« (1976), dessen Held – eben jener Hasenjunge – seit seiner Geburt von sich reden macht. Überall verstößt er gegen die Normen des Lebens in der Hasengemeinschaft. Er ignoriert die sozialen Abstufungen, die Rollenverteilungen und die hierarchischen Prinzipien im Tierreich. Gerade als die Tiere auf einer Versammlung Gericht über ihn halten, kommt es zum Ausbruch eines Feuers. Dreiläufer bewirkt die Rettung der Tiere, da er als Folge seines »empörenden Ungehorsams« einen Fluchtweg kennt und für Hasen ungewöhnliche Fähigkeiten besitzt. Damit zielt die Geschichte vor allem darauf, dem kindlichen Leser Mut zuzusprechen, sich zu seiner Individualität zu bekennen und einer Einschränkung seiner Existenz entgegenzuwirken. Aber auch der Erwachsene erhält seine Lehre, kindliche Besonderheiten zu befördern, damit die reiche innere Welt junger Menschen nicht beschädigt wird. Der kritische Gestus gegenüber einer Erziehung von Anpassern und willenlos sich Einordnenden ist unverkennbar.

Gesellschaftskritischer ist allerdings die Kinder- und Jugendliteratur, in der der Erwachsene nicht nur als Vermittler, sondern als Adressat der Dichtung angesprochen wird. Das gilt für Texte wie Gerhard Holtz-Baumerts »Erscheinen Pflicht« (1981), Christa Kožiks »Moritz in der Litfaßsäule« (1980), Benno Pludras »Insel der Schwäne« (1980), Günter Saalmanns »Umberto« (1987), Wolf Spillners »Wasseramsel« (1984) sowie Alfred Wellms »Karlchen Duckdich« (1979) und »Das Mädchen mit der Katze«.[3]

Trotzdem bin ich – im Gegensatz zu Auffassungen anderer – der Ansicht, daß sich in der Kinderliteratur Gesellschaftskritik weitaus vermittelter zeigt als in Texten für Erwachsene, wenn man an Titel von Volker Braun, Christoph Hein, Günter de Bryun, Heiner Müller und Christa Wolf denkt. Allerdings werden auch in der Kinder- und Jugendliteratur seit den siebziger Jahren zunehmend Defizite in den sozialen Beziehungen und im Verhältnis Mensch – natürliche Umwelt in den Blick des Lesers gerückt.

Betrachtet man die Dichtungen für Kinder und Jugendliche der letzten 15 Jahre in ihrem Zusammenhang, dann läßt sich erkennen, daß bestimmte »Vorgangsfiguren« als zeittypische Figuren-Handlungs-Beziehungen immer wiederkehren. Dieter Schlenstedt prägt diesen Begriff der Vorgangsfiguren (bezogen auf die Literatur für erwachsene Leser) für die Strukturierungen der Darstellungswelten, die eine ihnen typisch zugehörige stoffliche und thematische Orientierung aufweisen, eine bestimmte Beziehung zu Prozessen der Wirklichkeit erkennen lassen sowie eine bestimmte Wirkungsabsicht.[4] Trotz der Unterschiede, die zwischen den einzelnen Figuren-Handlungs-Modellen in der Kinderliteratur bestehen[5], weist das mit der Wirkungsabsicht verbundene Ideal vieler Erzähler große Ähnlichkeiten auf. Seine Vergegenständlichung im Kunstwerk führt nicht zu einer Idealisierung der Wirklichkeit, sondern zu einer für die Kinderliteratur ungewöhnlichen Schärfe in der Konfliktgestaltung. Hinter diesen Wandlungen verbirgt sich eine andere Sicht auf die Wirklichkeit, die nicht einfach ein Fortführen bestehender Verhältnisse als Lösung des Problems begreift, sondern einen grundlegenden Wandel im Auge hat. Beschränkungen und Deformationen werden ausgestellt; allerdings sind sie in kinderliterarischen Texten oft eher als individuelles Versagen, denn als globales gesellschaftliches Problem interpretierbar. Die Dichtungen lassen nicht selten die Anstrengungen ihrer Schöpfer erkennen, die resignativen Elemente zu bändigen und positive Lösungsangebote zu entwerfen (z.b. in Benno Pludras Erzählungen »Insel der Schwäne« und »Das Herz des Piraten«/1986, in Edith Bergners »Das Mädchen im roten Pullover«/1974 sowie in Maria Seidemanns »Neunfinger«/1983).

In Edith Bergners Erzählung »Das Mädchen im roten Pullover« scheitert die kindliche Heldin zunächst, weil sie eine Erziehung erfuhr, die gesellschaftliche Konflikte verdeckte. Zugleich wehrt sie sich dagegen, daß sie auf das spätere Glück vertröstet wird und ihre Wünsche in der Gegenwart als nicht erfüllbar angesehen werden. Der bedingt positive Schluß (die individuelle Einstellung verändert faktisch die nicht veränderte Realität) trägt künstlichen Charakter und wurde der Wirklichkeit abgerungen. Das Schreiben des Buches ist das Ringen um eine Lösung, die in der Realität nicht vorgeprägt ist. Es ist gleichzeitig das exemplarische Vorführen eines Lösungsweges für den kindlichen Leser. Am Ende ist die Geschichte offener, als es zunächst den Augenschein hat: Die gegensätzlichen Standpunkte einzelner Figuren sind weder in Übereinstimmung gebracht noch in eine Richtung gelenkt worden, die die zukünftige Auflösung des Gegensatzes suggeriert. Es verdient besondere Aufmerksamkeit, auf welche Weise die Autorin ihr Ideal sozialer Beziehungen und individuellen Verhaltens zum Ausdruck bringt, obwohl gerade dieser Aspekt künstlerischer Gestaltung durch die Literaturkritik keine Beachtung erfuhr. Die Erzählerin bindet ihr Ideal direkt an zwei Figuren des Textes: an die Mutter und den Bauarbeiter Kalle. Beide Figuren fungieren als Sprachrohr ihrer Ansichten. Nicht zuletzt durch sie wird die Leserfigur im Text aufgebaut. Die Analyse des Aufbaus beider Figuren erhärtet den Eindruck, sie seien eigentlich ein Wesen, das eine Aufspaltung in zwei literarische Gestalten erfuhr. Diese Erscheinung deutet auf ein allgemeines Problem der Darstellung im Kinderbuch. Edith Bergner gestaltet direkt die Bindung des Kindes an die Familie und deren Bedeutung für die innere Befindlichkeit ihrer Kindfigur. Aber für die Entwicklung des Konfliktes und dessen gesellschaftliche Relevanz erschien es der Autorin von wesentlicher Bedeutung zu sein, daß der Weg seiner Lösung nicht nur innerhalb der Familie erfolgte. Aus ebendiesem Grunde wurde die Gestalt des Bauarbeiters geschaffen und ihm im Figurenspektrum eine herausragende Funktion zugeordnet. Der Autorin ist eine sympathische Figur gelungen, die gleichzeitig jedoch ihr künstliches Wesen nicht verbergen kann. Dieser Arbeiter – als Teil der Öffentlichkeit verstanden – erkennt die Wünsche und Sorgen der Kinder an. Durch das Mädchen Jella wird ihm bewußt, wie viele ungelöste Probleme in der von ihm intakt geglaubten Wirklichkeit liegen, die das Glück des einzelnen überschatten.

Auch andere Kinderbuchautoren knüpfen ihr Ideal an einzelne Figuren, die gleichsam wertorientierende Impulse vermitteln sollen. Seinen Niederschlag findet dieser Vorgang in wesentlichen Veränderungen im Figurenensemble und in der Umdeutung einzelner Figurentypen. Im Gegensatz zu den fünfziger und sechziger Jahren, als die Gestalten aus der Großvätergeneration als Vertreter des zu überwindenden Alten angelegt waren – man denke an Erwin Strittmatters »Tinko« (1954) und an Horst Beselers »Käuzchenkuhle« (1965) –, werden sie nun zu *Idealgestalten*: Sie erscheinen als Individuen von menschlicher Größe, die den Maßstab menschlichen Wirkens gefunden haben. Dieser Vorgang läßt sich übrigens ebenso in der Literatur für Erwachsene nachweisen, wie Jurij Brězans »Bild des Vaters« (1982) und Helmut Sakowskis »Wie ein Vogel im Schwarm« (1984) belegen. Dagegen rücken die Gestalten aus der Vätergeneration in den Hintergrund und verlieren für den Selbstfindungsprozeß junger Menschen an Bedeutung. Ihnen wird alles Vorbildhafte genommen; sie sind »Durchschnittsbürger«, die sich entweder noch auf der Suche nach einem angemessenen Lebensinhalt befinden oder bereits eine eingeschränkte Lebensmöglichkeit gewählt haben. Damit verbunden ist die kritische Sicht der Schriftsteller auf sich in der Gesellschaft ausgeprägte Lebensinhalte, die im Widerspruch zu einer wirklichen Kultur menschlicher Beziehungen stehen: Denn schließlich ist es die Vätergeneration, die die gesellschaftlichen Verhältnisse wesentlich trägt. Zwischen den Figuren aus der Großväter- und Enkelgeneration gibt es nicht selten tiefe innere Bindungen, die für die Sinnerschließung des Textes von entscheidender Bedeutung sind. So führen Klaus Beuchler und Uwe Kant in ihren Romanen »Jan Oppen« (1983) und »Die Reise von Neukuckow nach Nowosibirsk« (1980) direkt vor, wie sich die Ansichten der Großväter der Generation der Enkel mitteilen und die Enkel auf dieser Grundlage den Sinn ihres Lebens zu begreifen beginnen. In Christa Kożiks Erzählung »Der Engel mit dem goldenen Schnurrbart« ist die Lebenssphäre der Großmutter als Inselwelt angelegt, in der die Verwirklichung unverstellter kindlicher Individualität möglich wird. Der Tod der Großmutter symbolisiert die Bedrohung kindlicher Träume. Die Verschiebungen im Figurenensemble des Kinder- und Jugendbuches werden auch in einem anderen Text Christa Kożiks erkennbar. In ihrer Erzählung »Moritz in der Litfaßsäule« bindet sie ihr Ideal vom Menschsein an ein Kind und an einen alten Mann. Betrachtet man die Stellung beider Figuren innerhalb der Dichtung, dann kommt zum Ausdruck, daß Kind und Rentner als noch nicht oder nicht mehr direkt in tragende gesellschaftliche eingebundene Individuen der eigentlichen Bestimmung des Menschen leben können. Problematisch in diesem Modell eines Mythos' vom Kind erscheint mir der »Schlußakkord« der Dichtung: Die gefährdete Welt des Kindes ist leicht wieder in Ordnung zu bringen, die Erwachsenen müssen nur durch das Verschwinden des Kindes geläutert werden.

Insgesamt steht hinter den skizzierten Verschiebungen in der Figurenzeichnung keineswegs ein von der Wirklichkeit losgelöstes Nachdenken über Ideale menschlicher Existenz. Dahinter verbirgt sich vielmehr eine kritische Auseinandersetzung mit dem Verlust von Maximen, zu deren Verwirklichung die neue Gesellschaft einst aufgebrochen war. Das wird auch in den Äußerungen eines interessanten Schriftstellers der DDR, des Erzählers Hans Weber, deutlich: »Folgt man den

Geschichten junger Leute, trifft man auf hochsensible neuralgische Punkte. Es geht immer um unseren politischen Anspruch und die politische Realität... Wir bekommen den Spiegel vorgehalten, wenn wir über junge Leute schreiben, aus ihrer Perspektive heraus Welt schildern. Und da nehmen wir uns oft sehr seltsam aus, was zu allerlei nützlichem Nachdenken über uns selbst führen kann.«[6] Dabei ist es interessant zu beobachten, daß diese Sicht auf junge Menschen Hans Weber letztendlich dazu führte, sich mit seinen Texten nicht mehr vorrangig an ein junges Lesepublikum, sondern an Erwachsene zu wenden. Die Romane »Einzug ins Paradies« (1979) und »Alter Schwede« (1984) sind Zeugnisse dieser Veränderung. Sie deuten auf die Notwendigkeit, die Beziehung zwischen dem Kind/dem Jugendlichen als zentraler Figur einer Dichtung und dem jungen Leser als Adressaten eines Kunstwerkes genau zu analysieren. Wesentliche Aspekte im Sinnpotential einer Dichtung können im Lektürenprozeß verlorengehen, wenn der vom Verlag angesprochene Leserkreis mit dem impliziten Leser völlig divergiert. Das bedeutet jedoch kein Plädoyer für eine Beschränkung von Kinderliteratur auf eine Leserrolle und nur eine Schicht. Aber die Lektürenprozesse sind genauer zu hinterfragen, zum Beispiel auch unter dem Gesichtspunkt, unter welchen Voraussetzungen der erwachsene Leser durch ein Kinderbuch tatsächlich erreicht werden kann, ob die Realisierung der mit der erwachsenenliterarischen Seite verbundenen Wirkungsabsichten nur bei der »Vorleseliteratur« signifikant möglich ist und ob sich eine doppelbödige Kinderliteratur mit zwei eigentlichen Adressaten[7] an das Kind in seiner Doppelfunktion als Heranwachsender und späterer Erwachsener wendet.[8] Mit der Rolle des Erwachsenen als impliziten Leser ist auch die Konfliktzeichnung in einer ganzen Reihe von Kinderbüchern untrennbar verbunden: Die Kindfiguren sind nur unter Aufbietung aller inneren Kräfte in der Lage, den Konflikt zu lösen bzw. eine schwierige Situation zu bewältigen, in die sie nicht zuletzt durch die Schuld Erwachsener gekommen sind. Die »Warnfunktion« derartiger Dichtungen richtet sich vornehmlich an den erwachsenen Leser, während von den Handlungen und Gedanken der Kindfiguren Impulse zur Lebensbewältigung ausgehen, die den kindlichen Adressaten im Blick haben. Die Wertorientierung für junge Menschen, die mit kinderliterarischen Texten verfolgt wird, ist nicht zuletzt auch in der Reflexion der Kindfiguren wahrnehmbar. Die Vergrößerung des Raumes für die Spiegelung innerer Vorgänge gehört zu den bemerkenswerten Veränderungen, die in der Literatur für junge Leser nachweisbar sind. Sie stehen im Kontext mit den Bemühungen der Kinderbuchautoren, den »Weltbezug« ihrer Helden (und damit auch ihrer Leser) zu erweitern, ohne auf unglaubwürdige Weise den Handlungsraum zu vergrößern. In dieser Frage zeigen die einzelnen Figuren-Handlungs-Modelle sehr unterschiedliche Wege.

Das in den siebziger Jahren sehr häufig gewählte Modell »Der junge Held auf Reisen und seine Suche nach dem Sinn des eigenen Daseins« ist vor allem durch eine extensive Erweiterung des Handlungsraumes gekennzeichnet. Dargestellt wird die Reise eines jungen Menschen, die diesen zwar von seiner alltäglichen Umwelt entfernt, aber im Bereich des eigenen Landes beläßt. Die Reisedarstellung dient nicht dazu, unbekannte Orte und Landschaften zu beschreiben, sondern sie konzentriert sich auf den jungen Helden und dessen Begegnung mit anderen Menschen. Beispiele für diese Art künstlerischer Gestaltung sind Bernd Wolffs Erzählung »Alwin auf der Landstraße« (1971) und Gerhard Holtz-Baumerts Jugendbuch »Trampen nach Norden« (1975). Besonders der zweite Text signalisiert die in diesem Modell liegende Gefahr der Wiederholung: Durch äußere Reize (eine Vielzahl von Begegnungen, die möglichst Vertreter aller sozialen Schichten und benachbarten Staaten einschließt) soll eine innere Wandlung des jungen Helden erfolgen. Die zentrale Figur wird mit neuen Ansichten überhäuft und hat am Ende als bereicherte Persönlichkeit mit neuer Weltsicht zu gelten.

Während das Problematische dieses Figuren-Handlungs-Typs bei weiteren Erscheinungen immer deutlicher zu erkennen war, offenbaren die verschiedenen Versuche, durch Aufnahme phantastischer Mittel die innere Welt der Kindfiguren und ihre Beziehung zur Umwelt widerzuspiegeln, einen künstlerischen Vorstoß und Gewinn. Am sichtbarsten wird das in Texten, wie Gerti Tetzners »Maxi« (1979) und Benno Pludras »Das Herz des Piraten«. In »Maxi« besteht der die Dichtung strukturierende Vorgang darin, daß Maxi sich in verschiedene Personen verwandelt und auf diese Weise sich und ihre Umwelt begreifen lernt. Anders als in Peter Hacks' »Meta Morfoß« (1975), wo die Verwandlungen spielerischer Natur sind und Freude am Gestaltwandel erkennen lassen, erwächst Maxis Drang, eine andere Identität anzunehmen, aus einer inneren Zerrissenheit des Mädchens. Die Bedeutung des kindlichen Rollenspiels als eines sozialen Lernprozesses findet im literarischen Modell eine direkte Widerspiegelung. Die Erzählung insistiert auf der Erkenntnis des kindlichen Lesers, daß nicht eine Rolle an sich bestimmte Möglichkeiten der Selbstverwirklichung bietet, sondern daß es darauf ankommt, die in ihr liegenden Potenzen durch eigene Kraft zu entfalten. An der Lebenssituation ihrer Heldin Maxi veranschaulicht Gerti Tetzner aber auch, daß ein Nichterkennen des Wesens eines Kindes zu Fehleinschätzungen und Fehlentwicklungen führen kann und immer auch verschenkte Lebensmöglichkeit bedeutet.

Eine beeindruckende Form der Erhellung innerer Vorgänge einer Kindfigur durch die Gestaltung einer phantastischen Ebene wählt Pludra in seiner Erzählung »Das Herz des Piraten«. Die Träume des Mädchens Jessika haben in der Wirklichkeitserfahrung und der Weltsicht ihren Grund, aber sie lösen das Kind auch aus seinen realen Kontakten. Die Gefahr einer Versenkung in eine imaginierte Welt wird deutlich markiert. Die Kommunikation mit dem Herzen des Piraten (einem Stein) ermöglicht Abenteuer und reizvolles Spiel. Der Vorgang beleuchtet jedoch nicht nur die Phantasie des Mädchens. Seine Brisanz liegt vor allem darin, daß eine belastete soziale Beziehung zu einer Kommunikation mit einem toten Gegenstand führt, der als eine Art »Kommunikationsersatz« fungiert. Die damit verbundene Provokation ist (als wesentliches Moment der Wirkungsstrategie) auf ein Hinterfragen des Verhältnisses Individuum – soziales Umfeld gerichtet. Der Blick auf die Wirklichkeit soll – wie auch in einer Reihe anderer phantastischer Texte – durch die geistige Auseinandersetzung mit einer poetischen Welt geschärft werden, die durch verfremdende phantastische Elemente gesellschaftliche und individuelle Vorgänge erhellt. Dieses Verfahren soll über die Verfremdung des Bildes von der Wirklichkeit zu einer Aktivierung des Lesers führen, weil gerade die verfremdenden Mittel einer einfachen Konsumierung der Geschichte entgegenwirken. Dem Leser wird Freiheit im phantastischen Spiel gegeben, um ein tieferes Nachdenken über die Dichtung und die in ihr vermittelte Wirklichkeitserfahrung anzuregen.

Die Verwendung phantastischer Elemente, die in der Kinderliteratur der DDR seit den siebziger Jahren weitaus häufiger als zuvor erfolgte, stellt meines Erachtens eine ausgezeichnete künstlerische Form dar, um auf undidaktische Weise Lebenserfahrungen und Lebensansprüche zu vermitteln, die ein Kind weder besitzen kann noch in jedem Fall in seinem sozialen Umfeld erleben wird. Phantastik verhindert damit auch eine unpoetische Verbalisierung menschlicher Werte, Ideale und Konflikte im Kinderbuch. Die Verwendung phantastischer Mittel erweist sich als ideale Form, die Ungleichheit der »Kommunikanten« erwachsener Autor – kindlicher Leser zu verringern und eine gemeinsame Kommunikationsbasis zu schaffen. Die Überwindung dieser Distanz ist mit der Suche nach poetischen Mitteln verbunden, die es dem Schriftsteller ermöglichen, gesellschaftlich bedeutsame Fragestellungen in einer dem jungen Leser zugänglichen Weise poetisch zu verdichten, ohne an dessen geistigen – auch assoziativem – Vermögen »vorbeizuschreiben«, aber auch ohne die soziale und individuelle Problematik unzulässig zu verengen.

Viele Dichtungen für Kinder zeigen, daß auch die Kinderbuchautoren ihre Leser als Partner begreifen, von denen sie eine »Vollendung des Werkes« erwarten. Dahinter steht das vieldiskutierte »Konzept vom zuständigen Leser«, der nicht wie in der Literatur der fünfziger Jahre aufgeklärt wird im didaktischen Sinne. Die Beziehung zwischen Autor und Leser wird nicht mehr als Verhältnis zwischen Erzieher und Erziehungsobjekt verstanden, wie die Postulierung des Lesers als Ko-Autor deutlich markiert. Es ist nicht zu übersehen, daß hinter diesen Veränderungen eine Auseinandersetzung mit kulturpolitischen Ausrichtungen und Vereinnahmungen von Literatur stand. Die Betonung des Konzepts vom zuständigen Leser durch Schriftsteller und Literaturwissenschaftler hat demzufolge eine weitaus größere politische Dimension als es zunächst den Anschein hat. Sie richtet sich gegen Kritiken, der Schriftsteller verzeichne die Wirklichkeit (die dargestellte Welt sein nicht in (der) Ordnung), sie schließt die Forderung nach einer »Kultur der Öffentlichkeit«[9] ein, und sie meint die Mündigkeit von Autor und Leser. Das genannte Konzept zielt letztendlich auf die größere Möglichkeit, Gesellschaftliches – was immer auch Individuelles ist – kritisch zur Sprache zu bringen und dadurch den Leser zu aktivieren.

Dieses Konzept hat in der Kinderliteratur vor allem dann Chancen einer Verwirklichung im Rezeptionsakt, wenn der Schriftsteller auch die favorisierten Lektürebedürfnisse im Blick hat. Ästhetische Emanzipation des Leser *und* Berücksichtigung seiner Interessen können unter Umständen zu einer allmählichen Veränderung der Leseweise führen. Auch dafür gibt es – wie Fallstudien zeigen – in der Kinderliteratur der DDR Beispiele, etwa Peter Abrahams »Der Affenstern« (1985) und Christa Kożiks »Der Engel mit dem goldenen Schnurrbart«.

Das Konzept vom zuständigen Leser erfährt in der Literatur für Kinder eine andere Ausprägung als in der Literatur für Erwachsene, denn in bezug auf einen Leser mit begrenzter sozialer Erfahrung erhält die Frage der Lösbarkeit des Konfliktes bzw. des Andeutens der Richtung, in der seine Lösung möglich werden kann, eine besondere Bedeutung. Es kann nicht außerhalb der Betrachtung bleiben, daß der kindliche Leser den literarischen Vorgang nicht zu einer Fülle vielfältiger Wirklichkeitserfahrungen in Bezug setzen kann. Ein Schriftsteller, der für diese Altersgruppe schreibt, kann selbst unter der Voraussetzung, daß er seine Leser durch eine ästhetisch anspruchsvolle Literatur emanzipieren möchte, seine Leseransprüche nicht absolut setzen. Er muß die Lebenssituation und die Lebenserfahrungen der Kinder und Jugendlichen ebenso berücksichtigen wie deren Leseerwartungen und -interessen. Er muß in anderer Form als ein Schriftsteller, der für Erwachsene schreibt, nach Wegen suchen, wie er Widersprüche und Konflikte gestalten kann, die der Leser begreift oder zumindest erahnt und die diesen ergreifen, damit individuelle Aktivität ausgelöst wird. Das bedeutet keine Einschränkung künstlerischer Möglichkeiten, wohl aber (zumindest in den meisten Fällen) eine Suche nach spezifischen künstlerischen Wegen und Verfahren. Es ist vielleicht interessant, in diesem Zusammenhang daran zu erinnern, daß Ludwig Renn im hohen Alter bekannt hat, daß er durch das Schreiben für Kinder sich völlig neue poetische Möglichkeiten erschloß.

Der gesamte Kontext verweist auf ein Problem, das ich am Ende noch berühren möchte: die Frage der Spezifik einer an Kinder gerichteten Literatur. Diese Frage drängt sich mir immer wieder auf – selbst bei jeder einzelnen Rezension oder Literaturkritik zu einem kinderliterarischen Text –, doch sie scheint mir in der literaturwissenschaftlichen Diskussion in der DDR nicht genügend beleuchtet zu sein. Auch der Literaturwissenschaftler, der sich mit theoretischem Interesse der Kinderliteratur zuwendet, findet zunächst einen Zugang zum einzelnen Text, indem er dessen Wirkung subjektiv erfährt. Selbst wenn das Adressatenbild den erwachsenen Leser mit einschließt, wird zumeist dem kindlichen Leser der Primat gebühren, und vor allem unter dem Bezug zu diesem Leser muß der Text analysiert werden. Die Differenz zwischen realem Leser und Adressaten ist in diesem Fall demzufolge besonders groß und kann zunächst subjektiv zu anderen als den im Text angelegten Wirkungen führen. Insofern muß dieser Vorgang der subjektiven Aneignung noch in anderer Weise objektiviert werden als bei der Rezeption von Texten für Erwachsene. Kenntnisse über die psychische Entwicklung der Heranwachsenden, über ihre geistigen Fähigkeiten, über ihre Lebensbedürfnisse und -interessen müssen ebenso hinzutreten wie das Wissen um die einzelnen Etappen der Literaturrezeption durch junge Leser. Erst dann wird es möglich sein, die im Text angelegten Wirkungen auf das Bild des Lesers zu beziehen, der dem Text »eingeschrieben« ist oder als hypothetischer Leser eine seiner Voraussetzungen bildet. Dieser Aspekt der Analyse und Interpretation derartiger Dichtungen stellt ein Hindernis für das Textverständnis dar, weil zu dem subjektiven Erleben einer Dichtung und einer exakten wissenschaftlichen Textanalyse immer auch das Besinnen auf eine völlig anders denkende, erlebende und empfindende Adressatengruppe hinzutreten muß. Dieses »Besinnen« kann aber der Interpretation und Analyse nicht als Appendix angefügt werden, sondern muß in sie integriert sein.

Aus diesen Gründen vertrete ich die Ansicht, daß der *wirkungsästhetische* Zugang ein wichtiger Weg ist, um kinderliterarische Texte zu erschließen. Gerade bei einer derart adressatenbezogenen Literatur, wie der für junge Leser[10], ist meines Erachtens eine leser- und wirkungsorientierte Analyse unerläßlich. Aufschlüsse über den »Leser-Anteil« beim Zustandekommen des Textes können dergestalt gewonnen werden. Die Frage nach der Wirkungsfunktion einzelner Strukturelemente einer Dichtung erhält erst mit dem Blick auf den im Text vorausgesetzten Leser eine befriedigende Antwort. Die wirkungsästhetische Betrachtungsweise kann das gesamte Geflecht der Werk-Leser-Beziehungen beleuchten und damit auch zur Erfassung von ästhetischen Besonderheiten dieses Literaturzweiges beitragen. Die Bestimmung der im Text angelegten Wirkungen hat einen wesentlichen Bezugspunkt im Bild des Lesers in seinen verschiedenen Funktionen: im Schreibakt, im Text sowie im Rezeptionsakt, wobei der implizite Leser im Zentrum der literaturwissenschaftlichen Untersuchung zu stehen hat. Allerdings werden die literaturwissenschaftlichen Aussagen zur Kinderliteratur erst dann befriedigen können, wenn auch die Wirkungsabsichten des Autors und reale Wirkungen eine Berücksichtigung finden. Erst dieser Zusammenhang verhindert eine in der Betrachtung von Kinderliteratur nicht seltene Erscheinung, entweder die »Literarizität« und hohe ästhetische Qualität von kinderliterarischen Dichtungen zu feiern, ohne die Besonderheiten und Fähigkeiten des Lesers zu berücksichtigen, oder, kurzschlüssig von den Bedürfnissen und Interessen junger Leser ausgehend, Forderungen an die Kinderliteratur (d.h. an deren Produzenten) abzuleiten.[11]

Meine eigenen Untersuchungen haben die Annahme bestätigt, daß der wirkungsästhetische Ausgangspunkt eine weitgehend exakte Beschreibung des im Text disponierten Weltbildes und dessen Implikationen mit einem spezifischen Bild vom Leser evoziert. Die Analyse des Wirkungspotentials poetischer Texte für Kinder ließ Einsichten in die beim Leser vorausgesetzte Textverarbeitungsstrategie zu, die wiederum Schlüsse über das Adressatenbild gestattete. Auf diese Weise konnte nachgewiesen werden, welchen Textelementen beabsichtigte Wirkungen beim kindlichen, beim erwachsenen Leser oder bei beiden inhärent sind.[12] Selbst wenn dieses Untersuchungsverfahren zu exakteren Aussagen über die Kinder- und Jugendliteratur der DDR führte, offenbarte sich andererseits auch, daß immer noch das wissenschaftliche Instrumentarium fehlt, um auf Postulate vollkommen verzichten zu können. Allerdings führt meines Erachtens die wirkungsästhetische Betrachtungsweise dazu, dem »Code der Kinderliteratur«[13] und damit auch der »Wahrheit der Dichtung«[14] ein wenig näher zu kommen.

## Anmerkungen

1  Vgl. Hans-Heino Ewers: Die Grenzen literarischer Kinder- und Jugendbuchkritik. In: Scharioth, Barbara/Schmidt, Joachim (Hrsg.): Zwischen allen Stühlen. Zur Situation der Kinder- und Jugendbuchkritik. Evang. Akademie Tutzing 1990, 75–91.
2  Vgl. Rede Christoph Heins auf dem X. Schriftstellerkongreß in Berlin (25.11.1987). In: X. Schriftstellerkongreß der DDR. 2. Bd., Berlin 1988, 224–247.
3  Vgl. Karin Richter: Wirklichkeitsmodellierung und Adressatenbezug. Einige Fragen an die Kinder- und Jugendliteratur und ihre Theorie. In: Schauplatz. Aufsätze zur Kinder- und Jugendliteratur und zu anderen Medienkünsten. Berlin 1986, 25–36.

4 Vgl. Dieter Schlenstedt: Wirkungsästhetische Analysen. Poetologie und Prosa in der neueren DDR-Literatur. Berlin 1979, insbes. 155–161.
5 Zu Figuren-Handlungs-Modellen in der Kinder- und Jugendliteratur der DDR s. Karin Richter: Zeitgenössische Kinder- und Jugendliteratur der DDR aus wirkungsästhetischer Sicht. Analysen und Interpretationen epischer Texte (1970–1985). DDR-Zentrum für Kinderliteratur, Berlin 1990 (= Schriftenreihe zur Kinderliteratur, Bd. 24).
6 Hans Weber: Jugend und Literatur. In: Neue Deutsche Literatur 7 (1983), 64ff.
7 Vgl. Hans-Heino Ewers: Die Grenzen literarischer Kinder- und Jugendbuchkritik. A.a.O., 80.
8 Diese Ansicht wird nicht selten unter Berufung auf Kästners Kinderbücher (in Verbindung mit dem Nachwort zu »Pünktchen und Anton«) vertreten.
9 Diese Forderung hatte bereits vor Hein der Literaturwissenschaftler Robert Weimann in seinem Buch »Kunstensembles und Öffentlichkeit« (Halle/Leipzig 1982) erhoben.
10 Oft wird bei den Besonderheiten der Kinderliteratur die Adressatenbezogenheit und die Orientierung auf den Gebrauchswert hervorgehoben, ohne dabei darauf zu verweisen, daß die *Masse* der Literatur für erwachsene Leser ebenfalls derartigen Kriterien folgt.
11 Forderungen dieser Art an die Literaturproduzenten wurden von Günter Ebert und partiell auch von Heinz Kuhnert erhoben.
12 Dieser Nachweis dürfte für metakommunikative Prozesse von nicht geringer Bedeutung sein.
13 Maria Lypp: Asymmetrische Kommunikation als Problem moderner Kinderliteratur. In: Hurrelmann, Bettina (Hrsg.): Kinderliteratur und Rezeption. Baltmannsweiler 1980, 320.
14 Hans-Georg Werner: Über die Wahrheit der Dichtung und ihre Ansprüche an die Literaturkritik. In: Weimarer Beiträge 4 (1986), 570–587.

Jürgen Martini

# Kinder- und Jugendliteratur in der Dritten Welt

Am Beispiel einiger afrikanischer Länder

1822 stellte Hegel in seinen »Vorlesungen über die Philosophie der Geschichte« fest, Schwarzafrika sei »das Kinderland, das jenseits des Tages der selbstbewußten Geschichte in die schwarze Farbe der Nacht gehüllt ist« (Hegel 1970, 120). Diese Äußerung Hegels, zusammen mit seinen weitergehenden Bemerkungen, Afrika sei »das Geschichtlose und Unaufgeschlossene« schlechthin, diente im 19. Jahrhundert, bis weit ins 20. Jahrhundert hinein, gleichsam ex cathedra als Leitmotiv für jenen Eurozentrismus, der aus dem Entwicklungsstand der Produktivkräfte und dem Machtbewußtsein der europäischen Kolonialbourgeoisien resultierte. Ich möchte dieses Zitat aus seinem historischen und wissenschaftstheoretischen Zusammenhang lösen und es zunächst als Ansatz für meine Darstellung der Forschungssituation benützen.

Kinderbuch- und Kinderkulturforschung über Afrika steckt in Europa, in den USA wie vor allem auch in Afrika selbst noch in den sogenannten Kinderschuhen. Dies hat nur sekundär etwas damit zu tun, daß Kinderbuchforschung als wissenschaftliche Disziplin zwischen den herkömmlichen Fachdisziplinen angesiedelt ist, daß sich ein Erziehungswissenschaftler mit ihr *nicht mehr*, ein Literaturwissenschaftler mit ihr *noch nicht* auseinandersetzt. Ausschlaggebend scheint mir zu sein, daß die ökonomischen und politischen Entwicklungen in Afrika seit der sogenannten Unabhängigkeit ihrer einzelnen Staaten die Rolle, die das Kind in der afrikanischen Gesellschaft in unterschiedlicher Weise spielte, ebenso wie die Rolle der Frau verändert haben. Diese Veränderung, erzwungen durch, neutral formuliert, Prozesse der modernen Industriegesellschaft, politikwissenschaftlich formuliert durch die Einbettung weiter Teile Afrikas in das kapitalistische System, Weltmarktzusammenhänge und Dependenzstrukturen, ist, weil sie ihre Auswirkungen auf die Ideologiebildung der Zukunft hat, noch zentraler als die in der soziologischen Forschung zunehmend konstatierte Herausbildung von Klassengesellschaften in Afrika.

Kinderbuch- und Kinderkulturforschung über Afrika müßte also, nach einer Auflistung und Kategorisierung der vorhandenen Primärliteratur, literatursoziologisch arbeiten: sie müßte die Veränderung in der Rolle, die Kindern in modernen afrikanischen Gesellschaften zugestanden wird, zur Kenntnis nehmen, sie mit verfeinerten, auf die spezifische Situation zugeschnittenen Instrumenten moderner entwicklungspsychologischer Forschung analysieren, um Aussagen über Bewußtseinsveränderung, Rollenveränderung, Sichtweisen treffen zu können, um Realitätsgehalt, Qualität und Wirkungsweise der für diese Kinder geschriebenen Literatur bestimmen zu können.

Überblickt man die bisher vorliegenden entwicklungspsychologischen Arbeiten über »Kindheit und Jugend in Afrika«, so lassen sich drei Richtungen herausschälen: im Zuge der ethnologischen Nostalgiewelle setzt sich mehr und mehr eine traditionalistische Betrachtungsweise durch, nach der das Erziehungsmodell traditioneller Gesellschaften und Kulturen als Idealtyp formaler, nicht-fixierter Erziehung zu Geborgenheit und Kommunalität zu deuten sei. Als Beispiele seien hier vor allem die Arbeiten von Mock (1979), Parin, Morgenthaler, Parin-Matthey (1971, 1983), Simon-Hohm (1983) und Bosse (1979) genannt.

Das Scheitern standardisierter, an westlichen Mustern angelehnter Schulsysteme in Afrika wird in dieser Forschung als notwendige Folge der Abkehr vom kommunalen, traditionellen Erziehungssystem ethnischer Dorfgemeinschaften angesehen, und ein Zurück wird ebensooft propagiert wie die Entwicklung komplizierter Mischformen.

Die zweite Richtung der erziehungswissenschaftlichen Beschäftigung mit dem afrikanischen Kind läßt sich durch ihre

Neigung zur Übernahme Piagetscher Modelle entwicklungspsychologischer Forschung als behavioristisch kennzeichnen. Arbeiten von Wober (1975), Dasen et al. (1978) und anderen dienen vor allem dazu, Beziehungen zwischen Momenten der kindlichen Entwicklung in Europa bzw. den USA und Momenten kindlicher Entwicklung in afrikanischen Ländern herzustellen, Untersuchungen über Motivation und Leistungsfähigkeit durchzuführen und Verbesserungsmodelle innerhalb akzeptierter staatlicher Erziehungsnormen vorzuschlagen.

Die dritte Richtung, die ich als erziehungssoziologisch bezeichnen möchte, steht in Afrika erst in den Anfängen. Wo überhaupt, erfährt sie Anstöße durch stadt-land-soziologische Arbeiten, durch sozialwissenschaftliche Untersuchungen über Jugendkriminalität, Ursachenforschung über die zunehmende Zahl von Abtreibungen oder Kindesaussetzungen, Arbeiten über Ursachen und Folgen von Arbeitslosigkeit. Die wichtigsten Anstöße jedoch erfährt diese Forschung aus kultursoziologischen Arbeiten, die sich im Rahmen traditioneller literaturwissenschaftlicher Forschung ergeben. Vor allem in wirkungsästhetischen Untersuchungen, wie sie mir aus Nigeria etwa über die Bedeutung von Schlagertexten für Diskobesucher bekannt sind (Oluyitan, Nwabuoku, 1984), wird strikte literaturwissenschaftliche Analyse verlassen, um die Zielgruppe des Textes, den Rezipienten, in den Mittelpunkt zu stellen. Nur so, dies ist das Ergebnis dieser Arbeiten, läßt sich eine fundierte Aussage über Struktur und Wirkungsweise moderner Literatur- und Kulturformen treffen.

Wichtigstes Desiderat einer kritischen Beschäftigung mit afrikanischer Kinderliteratur und -kultur wäre also die sozialwissenschaftliche Erstellung eines Modells, das historische wie aktuelle Ausprägungen von Rollen – hier von Kindern und Jugendlichen – systematisch erfaßt und Prozesse der Veränderung als gesellschaftlich verursacht deutet. Solche Modelle liegen in der deutschen Kinderbuchforschung durch die Arbeiten von Reiner Wild (1987), Rüdiger Steinlein (1987), Walter Pape (1981) und Dieter Richter (1987) inzwischen vor, soweit sie die Entwicklung der bürgerlichen Kinderliteratur etwa für

Deutschland und England betrachtet haben. Aber auch auf dem Gebiet der Massenkommunikationsforschung gibt es inzwischen im europäischen und amerikanischen Raum wichtige Untersuchungen über juke-box, Diskotext, Flipper, Comics, um nur einzelne Bereichen zu nennen. Diese Untersuchungen zeichnen sich durch ihren Bezug zur sozialwissenschaftlich orientierten entwicklungspsychologischen Forschung aus.

Über Nigeria, um auf mein engeres Forschungsgebiet zu sprechen zu kommen, gibt es bislang erst einige wenige Arbeiten aus dem Umkreis kultursoziologischer Forschungen an der Ahmadu Bello Universität in Zaria. Das bislang einzige Buch über »Kindheit in Nigeria«, von Valerie Curren (1984) herausgegeben, ist piagetscher, behavioristischer Forschung verschrieben und agiert fast ohne Bezug zur nigerianischen Gesellschaft. Die Kinderbuchforschung steht in ihren Anfängen und ist bislang empirisch, d.h. sie bewegt sich im Umfeld der Beschreibung und Auflistung des Vorhandenen, ohne Wertungen vorzunehmen oder Bezüge zu den Lesern dieser Literatur herzustellen.

Ich möchte im folgenden an drei Beispielen deutlich machen, wie notwendig die Einbeziehung, ja Entwicklung interdisziplinärer sozialwissenschaftlicher Methoden für die Forschungsarbeit ist.

## *Beispiel 1*

Folktales und Sprichwörter, Rätsel, Märchen, Fabeln und Mythen haben in allen Gesellschaften in der Vergangenheit ihre besondere Bedeutung gehabt. Ihr Bedeutungsverlust für die Gesamtheit der Gesellschaft ist ebenso gründlich analysiert wie das Beharren, sie als wichtigen Bestandteil bürgerlicher Erziehungsvorstellungen und -normen weiter zu tradieren. In afrikanischen Gesellschaften hat dieser Literaturbereich durch seine historisch-mündliche Ausprägung jeweils ethno-spezifische formale Strukturen (Erzählhaltungen) gewärtigt, die verspätet, durch erst jetzt verstärkt einsetzende Bemühungen, orature aufzunehmen, zu sammeln, zu transkribieren, erfaßt und systematisiert werden können. Die Funktion dieser Literaturformen ist in der Forschung nie bestritten: das Element der moralisierenden Sozialisation. Jüngere Arbeiten haben nachzuweisen versucht, daß im Gesamtkorpus der mündlichen Literatur der wichtigsten ethnischen Gruppen in Nigeria, Igbo, Haussa und Yoruba, ein klar umgrenztes Korpus mündlicher Literatur, die sich speziell an Kinder und Jugendliche wendet, auszumachen ist, meistens Tiergeschichten, gemischt mit Musik, um ein langsames Hineinwachsen in die Erfordernisse traditioneller Gesellschaften zu ermöglichen. Dabei erscheint das Kind meist als Miniaturerwachsener, als kleinere Ausgabe des Erwachsenen, dem durch die Erzählung das Hineinwachsen in Pflichten, Verantwortlichkeiten und Rollen vermittelt, ja angetragen wurde.

»Structurally, the tales were marked by their brevity, quick delineation of plot and character, rapid development of action and resolution of the conflict. They combined songs and performances, and in setting straddled the human, animal and supernatural worlds. Authorial intrusion, in the sense of the narrator's side comments, was noticeable and audience participation was essential.« (Odejide, 1985, 8)

An der Zielsetzung, so läßt sich nach der Lektüre vieler Beispiele schriftlicher, für Kinder aufgezeichneter Fabeln, Mythen, Rätsel, Märchen und Sprichwörter sagen, hat sich nichts verändert. Gerade für den Primarbereich der Erziehung sind sie Standardrequisit im Erziehungsprozeß. Wohl aber ändert sich die Struktur und die Form: die Verschriftlichung führt zu einer Standardisierung der Erzählhaltung und der Rezeption, zu einer Nivellierung ethnisch-historisch bedingter typologischer und inhaltlicher Unterschiede, und, da in der Fremdsprache Englisch gesammelt, aufgeschrieben und vervielfältigt, zu einer Stereotypie des Sprachgebrauchs. Die gegebene Unterschiedlichkeit des Ausgangsmaterials gewinnt den Charakter des Immergleichen, die Variabilität der Performanz wird ebenso vereinheitlicht und normiert wie das individuelle Verstehen und Verarbeiten durch das einzelne, in der Gemeinschaft zuhörende Kind, das durch eine Kollektivität in der Rezeption unter der Zielsetzung ›Moral und Fremdsprachenerwerb gemeinsam‹ ersetzt wird. Wichtiger als die Sozialisation durch mündliche Literatur ist die Sozialisation durch die dem Text am Ende beigegebenen Fragen geworden, die der Beantwortung harren: es geht um die Beantwortung, das richtige Erkennen im Hier und Jetzt, unter dem Druck real vorhandener Sanktionen, nicht mehr um das prozeß- und mosaikartige Verarbeiten in einer sich kontinuierlich, historische wie gegenwärtige Erfahrungen des kommunalen Lebens einbeziehenden, weiterentwickelnden Situation. Aus einer Aktivität wird Passivität, aus Lebendigkeit von Inhalt und Sprache totes Material, das nicht wegen des Bezugs zur eigenen Realität rezipiert wird, sondern wegen seines Zweckcharakters im formalisierten Erziehungsprozeß. Dies führt, literaturwissenschaftlich betrachtet, zu markanten Stilunterschieden:

a) Nwankwo Egbe:
*Ojene the Flute Musician*
»There was once a man and his wife who lived in a little village. The man was a strong farmer and owned farmlands in distant places. His wife was a devoted, kind woman and she always helped her husband on the farms. They spent a greater part of the day on the farms during planting seasons and never came back till late in the evening.«
(Egbe 1978, 1)

b) Chinua Achebe:
*The Flute*
»Long, long ago there was a man who had two wives. The senior wife had many children, but the other had only one son. One day, as the season of the rain drew near, the man and his family set out to work on their farm... Their farm was at the boundary between the land of men and of spirits.«
(Achebe 1977, 3)

Das zweite Beispiel (b) ist der traditionellen Erzählweise angelehnt, mit knappen Darstellungen der Charaktere, der sozialen Umgebung, mit schnell fortschreitender Handlung, die Verbindungen zwischen säkularer und spiritueller Welt zieht. Das erste Beispiel wirkt bemüht, literarisch unbeholfen, pedantisch, textbuchartig, wie so viele Beispiele aus diesem Literaturbereich in Nigeria.

Die Frage stellt sich, ob nicht durch die Bearbeitung traditionell sinnstiftender Inhalte und Erzählformen die Einheit des Diskurses aufgebrochen und das neue Ergebnis die Wirkung verfehlt. Es wäre zu untersuchen, inwieweit etwa Bettelheims Untersuchungen (7. Aufl. 1984) – sicherlich auch bei uns nicht unumstritten – über die Notwendigkeit, Kindern auch in der heutigen Zeit Märchen anzubieten, auf eine afrikanische Gesellschaft wie die Nigerias übertragen werden können, wenn schon jetzt Inhalt und Form eine Veränderung erfahren haben, deren zweiter fundamentaler Aspekt darin zu suchen ist, daß durch Übersetzung und Zweckbestimmtheit für den Fremdsprachenunterricht ethnische Besonderheiten der zugrundeliegenden Oraturformen verloren gehen. Es werden nicht mehr Haussafabeln in Haussa für Haussakinder erzählt, um ein Beispiel zu geben, sondern englischsprachige nigerianische Fabeln für ethnisch teils homogene, teils heterogene Schulklassen zusammengestellt. Der Charakter des Besonderen tritt zurück hinter das Immergleiche. Über die Auswirkungen ist bislang nichts bekannt; es scheint sich hier allerdings sowohl auf der Seite der Gestaltung wie der Rezeption ein Vorgang im Kleinen abzuspielen, der sich bei der Gesamtbetrachtung der englischsprachigen Literatur Nigerias andeutet: das Zurücktreten ethnisch betonter Inhalte und Formen zugunsten von Mischformen, der Übernahme und Domestizierung europäischer Formen.

## Beispiel 2

Betrifft das vorhergehende Beispiel vor allem die Literatur für die ersten Lesejahre, so möchte ich mich jetzt kürzer mit literarischen Beispielen für die mittlere Gruppe von jungen Lesern – die Altersgruppe zwischen 10 und 15 – beschäftigen. Für diese Altersgruppe herrschen auch in Nigeria die traditionellen Genres westlicher Kinderliteratur: Abenteuer-, Detektiv-, Familien-, und Schulgeschichten vor. Darüberhinaus gibt es eine Vielzahl sogenannter realistischer Geschichten, in denen die traditionelle Welt verlassen, die Veränderung der nigerianischen Gesellschaft durchaus einbezogen werden. Untersucht man diese Geschichten nun nach soziologischen Kriterien, so ist auffallend, daß unterhalb einer jeweils beliebigen schematischen Handlungsablaufstruktur, die den Helden oder die Heldin durch Gefahren, die in der Gesellschaft lauern, bis zum guten Ende geleitet, verschiedene nicht mehr realistische, da durch einfachen Blick auf die Gesellschaft widerlegbare Momente auftauchen. Die einfache Handarbeit beispielsweise, die Arbeit auf dem Lande wie unqualifizierte Arbeit in Handwerk oder Industrie, taucht so gut wie nie in diesen sogenannten realistischen Erzählungen auf. Eindeutiger gesellschaftlicher Kontakt- und Annäherungsbereich scheint in diesen Erzählungen die gehobene Mittelschicht zu sein. Arbeit und die Notwendigkeit einer ausreichenden Erziehung, mit Betonung von Ordnung, Fleiß, Leistung und Disziplin werden immer und immer wieder betont. Sicherlich deckt sich diese Zielsetzung mit den ideologisch fixierten Zielen Nigerias, doch scheint es mir wichtiger zu sein, auf die Diskrepanz zwischen den Chancen der Mehrheit der Schüler und den ihnen durch das Erziehungssystem aufoktroyierten Lebensinhalten und -zielen hinzuweisen.

»The dilemma posed is this: What is the effect of this presentation on young people who wind up in unskilled, manual jobs? Have they failed themselves and their parents by not becoming highly skilled? Are all jobs equal? And how do you promote respect for both labour and learning, and for egalitarianism?« (Odejide 1982, 206)

Mit diesem Zitat wird wiederum die wichtige Seite der Rezeption angesprochen. Hier treten Probleme durch die Literatur hervor, die von ihr selber verschwiegen werden. Nur stellt sich die Frage: wird das im Lesen bewußt, gibt es überhaupt Möglichkeiten in der nigerianischen Gesellschaft, sich anders mit der vorherrschenden Ideologie auseinanderzusetzen als sie stillschweigend zu akzeptieren und damit als Versager zu erscheinen?

Es scheint sich auch in Nigeria ein Prozeß zu wiederholen, der aus der Geschichte der bürgerlichen Kinderliteratur bei uns bekannt ist: das ideologische Konzept von Bildung, Leistung und Aufstieg kann eine Zeit lang reale gesellschaftliche Gegensätze pazifizieren, Anreize bieten, die spätestens in wirtschaftlichen Krisensituationen ihre Wirkung verlieren. In

Deutschland hat dies in den zwanziger Jahren zum Entstehen einer alternativen, linken Kinderliteratur geführt, und erneut seit Ende der sechziger Jahre, mit zunehmender Betonung innergesellschaftlicher Konflikte. Für Nigeria jedoch gilt (und für andere afrikanische Gesellschaften ebenfalls):

»In the main, Nigerian contemporary literature for children mirrors society in different areas, makes its own comment about it, but does not shape readers' attitudes to work in any revolutionary perspective. There is no job egalitarianism, rather a perpetuation of the snobbishness about jobs. Industry and efficiency are praised, but it is a kind of compulsive industry, industry without joy. The main motivation for work is to gain a living and acquire prestige; no wonder then the preference for middle-class jobs and the over-emphasis on formal eduction.« (Odejide 1982, 208)

Diesen sehr präzisen Ausführungen ist nur hinzuzufügen, daß es in diesem Bereich wiederum dringend erforderlich ist, den Ideologiecharakter auf seine Ursprünge in der Herrschafts- und Machtstruktur Nigerias hin zu untersuchen und in die Analyse der Kinderliteratur eingehen zu lassen. Der Anachronismus zwischen gesellschaftlicher Realität und sogenannter realistischer Erzählung wird am deutlichsten, wenn man die Darstellung von Arbeit, Bildung und ihren Zusammenhang auf Geschlechterrollen bezieht. Mädchen bleibt in diesen Geschichten nur übrig, Lehrerin oder Krankenschwester zu werden oder aber zu heiraten. Die Veränderung des Bildes der Frau in der Gesellschaft, aber auch in der neuesten Literatur Nigerias, selbst wo sie anderen ideologischen Mustern erlegen ist, hat ihren Eingang in diesen Bereich der Kinderliteratur noch nicht gefunden; auch hier sind die Parallelen in der Entwicklung der bürgerlichen Kinderliteratur in Deutschland und anderen Ländern Europas in den letzten zwei Jahrhunderten frappierend.

## *Beispiel 3*

In der nigerianischen Literatur für Jugendliche, der ältesten zu betrachtenden Lesergruppe, findet sich schließlich eine Literatur, die westliche para-ästhetische Literaturbeispiele kopiert, in geringem Maße abwandelt, vor allem in setting und environment nigerianisiert. Die seit über zehn Jahren erscheinende Serie der *Pacesetter*-Bücher, von Macmillan in London verlegt, von nigerianischen AutorInnen geschrieben, ist wichtigster Bestandteil einer Jugendkultur, die sich in nichts von westlichen Modellen unterscheidet. Femi Osofisan hat in einem bemerkenswert sozialwissenschaftlich orientierten langen Artikel (1981) nachgewiesen, daß die Tradition dieser sex-and-crime-Literatur bei Cyprian Ekwensi beginnt, der in seinem gesamten Schaffen, sei es in Jugendbüchern wie in seinen für Erwachsene geschriebenen Romanen von Stil wie Inhalt die moderne städtische Gesellschaft akkurat für die Massen beschrieben hat. Ekwensi, ein Igbo-Autor, hat sich seine Thematik und Sichtweise nicht mehr aus der ländlichen, traditionellen Gesellschaftsform der Igbos genommen, sondern aus dem gesamten städtischen Bereich Nigerias. Er ist nicht mehr ethnisch bestimmter Autor, sondern nigerianischer Autor, kopiert in seiner Sprache jedoch amerikanische Modelle. Die Autoren der *Pacesetter*-Serie sind, analysiert man diese Romane, sozusagen überflüssig, weil Thematik wie Gestaltung der Romane standardisiert, formalisiert und repetitiv sind. Die Entwicklung der Ereignisse ist für den Leser vorhersehbar, die Spannungsmomente sind für den Augenblick, nicht für tiefsinniges Reflektieren eingebaut. Auch einige Beispiele der gehobeneren *Drumbeat*-Serie bei Longmans oder der Fontana-Romane entspringen einer ähnlichen Konzeption.

Diese jüngsten Literaturbeispiele verdecken gesellschaftliche Probleme, obwohl sie diese scheinbar beschreiben, gaukeln dem Leser eine Welt des erotischen Abenteuers vor und verstärken die Einflüsse, die amerikanische Jugendkultur, Filme, comics, breakdance, disco sowieso schon haben. Es entwickelt sich hier ein gänzlich neues Medium für einen Teilbereich der Gesellschaft, eine Zielgruppe, die man mit »städtisch, arbeitslos, in slums lebend« unschreiben könnte: die klassische Zielgruppe für ablenkende, problemverschleiernde Literatur, wie sie sich bei uns durch Konsalik, Arzt- und Loreromane, Zeitschriften wie *Praline* und *Neue Revue*, ebenfalls durch comics, Fernsehen und Film kennzeichnen läßt. Die zunehmende Klassenspaltung der nigerianischen Gesellschaft zieht eine Literaturspaltung in Höhenkamm- und andere Literatur nach sich, wie sie in ihrer Entwicklung in Europa und Amerika bereits untersucht ist. Daß *Pacesetter* und *Drumbeat*, comics und Kriminalromane auch in Nigeria rezipiert werden, ist unbezweifelbar; zu welchen Brüchen dies bei augenscheinlichen Diskrepanzen zwischen Realität und Vorgaukelung einer schönen Welt führen muß, ist bislang nicht untersucht.

Nimmt man die drei von mir skizzierten Beispiele der Kinder- und Jugendliteratur Nigerias, so scheinen mir folgende Forschungsarbeiten im weiteren unerläßlich:

— eine sozialwissenschaftliche Analyse der Veränderung des Bildes von Kindheit und Jugend in Nigeria, basierend auf soziologischen Untersuchungen über Veränderungen in Stadt und Land, ökonomischen und politischen Analysen über Veränderungen in Herrschafts- und Machtstrukturen. Dieser Komplex, in den nicht-behavioristische, nicht-ethnologisch-nostalgische erziehungswissenschaftliche Analysen eingearbeitet werden müssen, läßt sich, so meine ich, nur interdisziplinär erarbeiten.

— eine literaturwissenschaftliche Analyse, die Kinder- und Jugendliteratur auf die Entwicklung der Literatur für Erwachsene bezieht. Kinder- und Jugendliteratur Nigerias erscheint in den genannten Teilbereichen als widersprüchlich, ideologisch nicht einheitlich, formal zunehmend standardisiert und formalisiert. Läßt sich dies zum Teil aus der Funktion dieser Literatur im Unterricht erklären, so gibt es doch Anhaltspunkte dafür, daß in der Kinder- und Jugendliteratur verstärkt und verkürzt ein Prozeß abläuft, der sich in der ›gehobenen‹ Literatur Nigerias in einem sehr viel längeren Zeitraum abgespielt hat. Im Bereich der Kinderliteratur — nimmt man die ersten beiden Beispiele — scheint noch ein Ansatz vorherrschend, der die frühen Romane von Achebe und anderen kennzeichnet: eine neue Literatur zu schaffen auf der Basis der Erhaltung und Veränderung traditioneller Gesellschaftsmuster. Die für Jugendliche geschriebene neueste Literatur hingegen scheint der Entwicklung der Erwachsenenliteratur bereits vorauszulaufen, in ihrer Tendenz, Problembereiche zu harmonisieren, zu vertuschen, vorzugaukeln, ethnische Unterschiede, gesellschaftliche Diskrepanzen zu leugnen und eine Art synthetischen Literaturstils, austauschbar bis in die kleinsten Einzelheiten, zu kreieren.

– eine komparatistische Analyse, die die genannten Entwicklungen in der Kinder- und Jugendliteratur auf frühere, außernigerianische Beispiele und Entwicklungen beziehen läßt. Es scheint, daß sich in der nigerianischen Kinder- und Jugendliteratur in viel verkürzterer Form ein Prozeß wiederholt, der in Europa beispielsweise zwei Jahrhunderte gebraucht hat. Dieses ist ein weiteres Indiz für eine – gewagte – Hypothese, daß sich in den neokolonialen Gesellschaften der Dritten Welt Literaturentwicklungen schneller, aber in ihrer Struktur nicht anders vollziehen als in Europa oder auch schon beschleunigt in den USA. Gerade an diesem Punkt wird es aber wichtig sein, zu untersuchen, ob es in der Kinder- und Jugendliteratur ähnliche Abweichungen zu verzeichnen gibt wie in der modernen afrikanischen Romanliteratur, inwieweit also eine westliche Muster im wesentlichen kopierende Literatur den Anforderungen afrikanischer Gesellschaften und Intellektueller nicht mehr genügt und neue Formen gesucht werden müssen.

Als Beleg für die Richtigkeit solcher Überlegungen möchte ich die Behandlung von Geschichte und Geschichtsbewußtsein im Werk dreier afrikanischer Kinder- und Jugendbuchautoren erläutern. Im Gesamtwerk Meshack *Asares* aus Ghana zeichnet sich eine Veränderung klassischer Fabelerzählformen ab, um die Notwendigkeit der dialektischen Auseinandersetzung mit Geschichte als Vergangenheit und Bestandteil der Gegenwart herauszustreichen. In seinem Buch *The Canoe's Story* von 1982 beispielsweise werden Geschichte und Gegenwart, animistische Glaubensvorstellungen und moderne Gesellschaft, durch die besondere Perspektive zusammengebracht, betont und verschmolzen: es erzählt ein Erzähler, aber der Erzähler ist ein jahrhundertealter Baum, der seine Gefühle und Reaktionen bei seiner Verarbeitung zu einem Fischfang-Boot beschreibt. Animistische Glaubensvorstellungen traditioneller Art werden hier benutzt, um die Darstellung von Geschichte zu verfremden, im Gewand einer klassischen Fabel (Martini, 1987a). Ebenso verfährt Chinua *Achebe* in seinem bemerkenswerten Kinderbuch *How the Leopard got His Claws* (1979), das während des Biafrakrieges geschrieben, nach seinem Ende veröffentlicht wurde. In das Gewand einer klassischen Tiergeschichte gehüllt, wird hier ein moderner gesellschaftlicher Konflikt als Macht- und Herrschaftsfrage vorgeführt und in seinen Auswirkungen auf die Gesellschaft gezeigt. Gezeigt wird – wie in jeder Fabel üblich – der Wettkampf zwischen Dummheit und Klugheit, zwischen gesellschaftlicher Harmonie und Zerstörung, und wie in jeder Fabel gibt es eine eindeutige Moral. Das Kinderbuch Achebes ist das Beispiel einer Literatur, die mehrfache, mehrdeutige Diskurse vereint: es ist lesbar als Auseinandersetzung zwischen Leopard und Hund, aber es ist auch leicht identifizierbar als Abrechnung mit den gesellschaftlichen Verhaltensweisen und der Auswirkungen dieser Verhaltensweisen, die Hund, Leopard und Jäger repräsentieren, in der nigerianischen Gesellschaft.

Daß diese neueren Formen von Kinderliteratur sich mit Geschichte und Geschichtsbewußtsein auseinandersetzen, ist gewiß kein Zufall: das offizielle Bild nigerianischer Geschichte wird gerade im Schulunterricht verstärkt durch für Kinder geschriebene Biographien großer Helden, ab und an auch Heldinnen der nigerianischen Geschichte geprägt. Achebes Buch – und für Ghana Asares Bücher – gestehen demgegenüber der Geschichte in der Entwicklung des Kindes eine wesentlich bedeutsamere Rolle zu, die auch in Asares Rollenbeschreibung des modernen Autors von Kinderbüchern in Afrika erkennbar wird:

»Einerseits soll er eine neue Erzähltradition als Fortsetzung der alten schaffen, anderseits wird von ihm ein Werk gefordert, das seinen Leser in eine sich verändernde Welt hineinführt, ohne Kompromisse in Bezug auf die eigene Identität einzugehen.« (Asare 1984, 7)

Der *sankofa*-Vogel, der in Asares preisgekröntem Kinderbuch *The Brassman's Secret* (1981) eine zentrale symbolische Rolle spielt, kann als Methapher für eine Kinderliteratur verstanden werden, die Geschichtsbewußtsein nicht offiziell legitimiert, sondern Geschichte und Gegenwart dialektisch betrachtet.

Der Wunsch, Reichtum anzuhäufen, als einzelner mehr zu besitzen als die anderen, läßt Kwajo, den Helden des Buches, die traditionelle Kultur seiner Gemeinschaft vergessen. Er scheitert, allerdings nur im Traum. Für Kwajo verstellt der Blick auf das Gold die Fähigkeit, seine Umwelt mit Hilfe von Symbolen und Sprichwörtern erlebbar und interpretierbar zu machen. Wo die Interpretationsfähigkeit der Realität leidet oder gänzlich abhanden kommt, überwältigt die Realität den Menschen. Der Schatz des Menschen ist die Fähigkeit, Realität zu interpretieren, nicht das angehäufte Gold. Damit wird eine alte Fabel, werden jahrhundertealte Sprichwörter und Symbole neu und modern verfügbar gemacht, Geschichte in die Gegenwart hineingeholt, Mündliches schriftlich und visuell aufbereitet, in einer Art und Weise, die den Charakter der Verschriftlichung mündlicher Literaturformen sprengt und erweitert.

Es ist für mich ebenfalls kein Zufall, daß gerade aus der schwarzen südafrikanischen Jugendliteratur das Beispiel stammt, mit dem ich meine Ausführungen beenden möchte. Mbulelo *Mzamane*s *The Children of Soweto* (»Die Elefanten sind wir«, 1982, deutsch 1983) ist in einer Gesellschaft entstanden, die sich immer noch durch Kampf ihre Unabhängigkeit und ihre Identität erwerben muß. Die besondere Situation zwingt zur Aneignung komplizierter Formen dokumentarischen, realistischen und politischen Schreibens, zur Komplexität der literarischen Strukturen und Metaphern, um den Sinngehalt der Aussage dem Rezipienten zur Entschlüsselung zu überlassen. Literarisches Vorbild ist das Werk des kenianischen sozialistischen Schriftstellers Ngugi *wa Thiong'o*, dessen spätere Romane *Petals of Blood* (»Verbrannte Blüten«,

1977, deutsch 1981) und *Devil on the Cross* (»Der gekreuzigte Teufel«, 1982, deutsch 1988) Stilmerkmale moderner europäischer Literatur mit afrikanischer mündlicher Erzählweise verbinden. Mzamanes Buch, das drei Teile hat, wechselt dauernd die Erzählperspektive, vom kollektiven »wir« der Teile 1 und 3 über eine distanzierte Erzählhaltung im zweiten Teil bis hin zur Ich-Perspektive auf den letzten Seiten des Romans. Der Autor bedient sich verschiedener Elemente des Dokumentarischen, benützt Flugblätter, Zeitungsausschnitte, Gedichte, real und fiktiv, wechselt virtuos zwischen langen und extrem kurzen Zeiträumen in Dehnung und Zeitraffung, benutzt exemplarische Situationen (Schule, Wohnbereich, Arbeit, Kneipe, Fußball, Verhör, Begräbnis), um ein komplexes Bild schwarzen Lebens in Südafrika zu zeichnen, und bedient sich dabei eines feinen Systems der Verwendung von Bruchstücken aus vielen afrikanischen Sprachen, des Tsotsitaals und des Englischen, um das Synkretistische des Lebens der Schwarzen in Südafrika aufzuzeigen. Es gibt Erzählungen in der fortlaufenden Erzählung, systematische Versuche, Individuum und Kollektiv zu trennen und zu mischen, Autorenkommentare, Reportagen und lyrische Passagen. Mzamanes Roman ist ein politischer Roman, »mündliche Prosa«, ein Versuch, experimentelle Prosa für Jugendliche zu schreiben.

Joachim Schultz hat am Ende seiner Rezension von Reiner Wilds »Die Vernunft der Väter« einige Schlüsse für die Behandlung afrikanischer Kinder- und Jugendliteratur gezogen:

»Reiner Wilds Darstellung der Grundlagen, Formen, Inhalte und Ziele der aufgeklärten Kinderliteratur kann als beispielhaft bezeichnet werden. Schon unter diesem Aspekt ist das Buch von großer Bedeutung. Doch es könnte darüber hinaus als Modell dienen, um andere Epochen der (Jugend-) Literatur zu untersuchen. Zu denken wäre hier beispielsweise an die augenblickliche Entstehung einer Kinder- und Jugendliteratur in den jungen Staaten Schwarzafrikas. Auch in diesen Ländern hat sich ein bürgerlicher Mittelstand entwickelt, der nun einerseits versucht, seine vielfach an Europa orientierten Standards der heranwachsenden Generation zu vermitteln, andererseits aber auch den Wunsch hat, bestimmte Werte und Standards der vorkolonialen Gesellschaften, wie sie z.B. in den traditionellen Erzählungen ihren Ausdruck finden, zu bewahren, wiederzuentdecken und weiterzugeben. Wilds Ausführungen könnten bei der Untersuchung dieser Literatur als heuristisches Modell dienen.« (Schultz, 1987, 258)

In den Werken Achebes, Asares und Mzamanes scheint sich ein eigener afrikanischer Weg aufzutun, wie sich literarische und gesellschaftliche Vergangenheit und Gegenwart als Tradition und Thema zu einer Kinder- und Jugendliteratur entwikkeln, die die Untrennbarkeit von Vergangenheit und Gegenwart nicht leugnet und den Prozeß kultureller Transformation beschleunigt und verstärkt, sich damit aber notwendigerweise der literarischen Moderne in Afrika annähert (vgl. Martini, 1987b).

## Literatur

Achebe, Chinua: The Flute. Enugu 1977.
Achebe, Chinua: How the Leopard got His Claws. Enugu 1979.
Asare, Meshack: The Canoe's Story. Accra 1982.
Asare, Meshack: The Brassman's Secret. Accra 1981 (deutsch: Kwajo und das Geheimnis des Trommelmännchens. Hamburg 1981).
Asare, Meshack: Kinderliteratur in Afrika: Ursprünge und Gegenwart. In: IJB-Report 2(1984), 3–8.
Bettelheim, Bruno: Kinder brauchen Märchen. 7. Aufl. München 1984.
Bosse, Hans: Diebe, Lügner, Faulenzer, Frankfurt 1979.
Curren, Valerie (Hrsg.): Nigerian Children: Developmental Perspectives. London 1984.
Dasen, P.R., et al.: Naissance de l'intelligence chez l'enfant Baoulé de Cóte d'Ivoire. Bern 1978.
Egbe, Nwankwo: Five Moonlight Tales. Ibadan 1978.
Hegel, G.W.F.: Werkausgabe. Bd. 12. Frankfurt 1970.
Martini, Jürgen: Meshack Asare. In: Beiträge zur Kinder- und Jugendliteratur 85 (1987), 42–49 (1987a).
Martini, Jürgen: The Author as sankofa-Bird: History in African Books for Children and Young People. In: Matatu 1(1987), 35–52 (1987b).
Mock, Erwin: Afrikanische Pädagogik, Wuppertal/Aachen 1979.
Mzamane, Mbulelo: The Children of Soweto. London 1982 (deutsch: Die Elefanten sind wir. Modautal 1983).
Odejide, 'Biola: Cultural Values and Occupational Choices in Selected Nigerian Children's Literature. In: Nigeria Educational Forum 5:2 (1982), 203–209.

Odejide, 'Biola: Nigerian Children's Literature: From Oral to Written Forms. Ibadan MS 1985, 1–25.

Oluyitan, Funso; Nwabuoku, Emeka: Disco-Text. A Study of the Use of Textual Music as Instructional Strategy to Promote Comprehension and Retention, MS. Zaria 1984.

Osofisan, 'Femi: Domestication of an Opiate. In: Positive Review 1:4 (1981), 1–12.

Pape, Walter: Das literarische Kinderbuch, Berlin/New York 1981.

Parin, Paul; Morgenthaler, Fritz; Parin-Matthey, Goldy: Fürchte Deinen Nächsten wie Dich selbst. Frankfurt 1971.

Parin, Paul; Morgenthaler, Fritz; Parin-Matthey, Goldy: Die Weißen denken zu viel. München 1983.

Richter, Dieter: Das fremde Kind. Frankfurt 1987.

Schultz, Joachim: Rez. von Reiner Wild, Die Vernunft der Väter. In: Komparatistische Hefte 15/16 (1987), 256–258.

Simon-Hohm, Hildegard: Afrikanische Kindheit und koloniales Schulwesen. Köln/Wien 1983.

Steinlein, Rüdiger: Die domestizierte Phantasie. Heidelberg 1987.

wa Thiong'o, Ngugi: Devil on the Cross. London 1982. (deutsch: Der gekreuzigte Teufel. Frankfurt 1988.)

wa Thiong'o, Ngugi: Petals of Blood. London 1977 (deutsch: Verbrannte Blüten. Wuppertal 1981).

Wild, Reiner: Die Vernunft der Väter. Stuttgart 1987.

Wober, M.: Psychology in Africa. London 1975.

Bernd Dolle-Weinkauff

# Wie im Comic erzählt wird

Erzählerrollen in der Bildergeschichte

»*Wir befinden uns im Jahre 50 v. Chr. Ganz Gallien ist von den Römern besetzt... Ganz Gallien? Nein! Ein von unbeugsamen Galliern bevölkertes Dorf hört nicht auf, dem Eindringling Widerstand zu leisten. Und das Leben ist nicht leicht für die römischen Legionäre, die als Besatzung in den befestigten Lagern Babaorum, Aquarium, Laudanum und Kleinbonum liegen...*«

Die Comics lassen sich im Hinblick auf die Präsentation ihrer Themen und Handlungen in zwei Hauptgruppen unterteilen: in eine mit vorwiegend dramatischer und eine mit vorwiegend epischer Darstellungsweise. Die auf die Komplexität des Films als Aussageform zielende Feststellung Käte Hamburgers, daß das »bewegte Bild [...] die Ursache dafür« sei, »daß der Film sowohl episierte Dramatik als auch dramatisierte Epik« sein könne (Hamburger, 204), läßt sich auch auf den Comic übertragen. Es wäre jedoch falsch, anzunehmen, daß es sich bei der dramatischen Spielart des Comics um eine überwiegend visuell operierende, bei der epischen dagegen um eine textlastige Variante handelte. Vielmehr reproduziert sich die Differenz der Darstellungsweisen auf der Ebene des einen oder anderen der vom Comic verwandten Codes und bringt unterschiedliche Verfahren hervor.

Hinsichtlich der dramatischen Spielart erweist sich, daß das Zeigen eines Vorgangs, die Fesselung an dessen sinnliche Gegenwart – worin schon Schiller ein Wesensmerkmal des Dramatischen sah (vgl. Gräf/Leitzmann, Brief v. 26.12.1797)

– im Comic auf höchst unterschiedliche Weise realisiert werden kann: zum einen in Form ausgesprochen suggestiver, die Nähe zum Geschehen betonender Sequenzen, die vollständig oder weitgehend auf begleitende Texte verzichten können und wie sie etwa in den Werken von Derib, Hermann oder Moebius ihren Niederschlag gefunden haben; zum anderen in Form durchgängig dialogisierter Bildfolgen, bei denen, wie in der »Tintin«-Reihe (dt.: »Tim und Struppi«) des Belgiers Hergé, häufig nur Brustbild oder Köpfe der Sprecher mit nur wenigen oder keinen Requisiten zu sehen sind. Während im ersten Fall dem Bild vorwiegend die Funktion der Handlungsdarstellung zufällt, ist es im zweiten gleichsam auf das Setzten von Inquit-Formeln beschränkt; die tragende Rolle übernehmen in diesem Fall die Dialogtexte. Gemeinsam ist jedoch beiden Darstellungsformen die Suggestion von Unmittelbarkeit, der Umstand, daß sich zwischen Handlung und Leser kein epischer Vermittler schiebt. Obgleich Text und Bild einen jeweils völlig unterschiedlichen Stellenwert für die Realisation der Handlung besitzen, ist das Verfahren im Hinblick auf die Art der poetischen Rede ein und dasselbe: es ist ein dramatisches.

Im Unterschied dazu bedient sich die zweite Spielart des Comics, die ich als die epische bezeichnen möchte, unterschiedlich angelegter Konstruktionen von Erzählerfiguren. Allerdings sind diese Erzählerfiguren oft unauffällig, treten als bewußt eingesetzte Instrumente zur Gestaltung der »Mittelbarkeit des Erzählten« (Stanzel) erst in den literarische reflektierteren Comics der jüngeren Generation, d.h. seit Mitte der 60er Jahre in Erscheinung.

Der Klarheit halber möchte ich an dieser Stelle hervorheben, daß ich unter dem Erzähler eine Kunstfigur verstehe, die nicht mit dem Autor einer Geschichte identisch ist. »Der Erzähler« – so formuliert Wolfgang Kayser für den Roman – »ist nicht der Autor. [...] der Erzähler ist eine gedichtete Person, in die sich der Autor verwandelt hat« (Klotz, 206f.). Ganz gleich, ob er die Handlung aus einer Außenperspektive betrachtet oder an ihr partizipiert, der Erzähler hat als – wie Miroslav Červenka betont: »selbständiger« (Červenka, 129) – Bestandteil der vom Autoren entworfenen Fiktion zu gelten. Für ein adäquates Verständnis des Erzählten wie die des Mittlers, seiner Distanz bzw. Nähe zu Geschehen, seiner Stellung zu den Gegenständen der Handlung, seines Kenntnisstands über die geschilderten Ereignisse und Personen, seiner Gefühle und Urteile, seines Tons, seiner Beziehung zum Leser u.a.m. von grundlegender Bedeutung.

Zur typologischen Erfassung der Erzählerrolle hält die Erzähltheorie eine Reihe teils kontrovers diskutierter klassifikatorischer Termini bereit, die im wesentlichen auf die Erzählsituation der Ich-Erzählung, des auktorialen und des personalen Erzählstils bezogen sind (z.B.: Červenka, 1978; Doležel, 1972; Genette, 1980; Petersen, 1977). Es soll in meinen Ausführungen allerdings in erster Linie nicht darum gehen, den einen oder den anderen Ansatz anhand von Comic-Geschichten auf seine Tragfähigkeit zu überprüfen. Vielmehr betrachte ich die unterschiedlichen erzähltheoretischen Modelle zunächst als Anregung und Hilfestellung zum Auffinden und Diskutieren der in den Comics auffindbaren Erzählhaltungen. Diese sind auf den ersten Blick oft nicht wahrnehmbar; es scheint, daß man sie vernachlässigen könne angesichts des quantitativ wenig bedeutsamen Raums, den sie gewöhnlich innerhalb von Comic-Geschichten beanspruchen – eine Tatsache, die dazu geführt hat, daß sich manche Gattungsdefinitionen des Comic vor allem auf dessen dramatische Spielart beziehen. So kennzeichnet etwa Dietger Pforte den Comic prinzipiell als »dialogisierte Bildfolge« (Pforte, 124).

Ein wesentlicher Aspekt von Comic-Geschichten wird damit aber unterschlagen; ein großer Teil von ihnen präsentiert den Schrifttext nicht nur in direkter Rede, d.h. innerhalb der Begrenzungslinie der Sprechblase, die durch ein spezielles Verweiszeichen (»Dorn«) den Sprecher markiert; Schrifttext erscheint auch in rechteckige Kästen, die ins Einzelbild integriert sind. Soweit diese »Blocktexte« (Krafft) nur temporale oder lokale adverbiale Bestimmungen wie ›Später...‹ oder ›Draußen...‹ beinhalten, die einen Zeit- oder Ortswechsel anzeigen, können sie noch als Szenenanweisungen des Autors gelesen werden. Anders aber verhält es sich mit der eingangs zitierten Einleitungsformel einer der populärsten zeitgenössischen Comic-Reihen, dem Begleittext der Landkarte Galliens in »Asterix«. Hier liegt offensichtlich mehr vor als eine bloße Fixierung von Ort und Zeit. Es ist ein Erzähler, der sich in leicht ironischen Worten an ein vorgestelltes Lesepublikum wendet, um es auf die folgende Handlung einzustimmen. Er läßt unverkennbare Sympathien erkennen, trifft Wertungen mit Blick auf die Parteien der Handlung und parodiert verschmitzt den Tonfall eines Chronisten bedeutsamer geschichtlicher Ereignisse. Es ist evident, daß sich der Blocktext hier zum Erzählkommentar emanzipiert hat.

Unbestreitbar nimmt der zitierte Geschichtenauftakt im Vergleich zur Gesamthandlung einen verschwindend kleinen Raum ein. Darf er deshalb vernachlässigt werden? Es sei an dieser Stelle eine narrative Regel in Erinnerung gerufen, wie sie etwa Harald Weinrich in seiner Tempustheorie formuliert und Ulrich Krafft als relevant auch für die Comic-Erzählung nachgewiesen hat. Sie besagt, daß »Setzungen« lokaler und temporaler Art wie auch »Setzungen«, die die Erzählperspektive betreffen, so lange gelten, bis sie durch eine »Neusetzung« der gleichen Art aufgehoben werden oder der Text endet (vgl. Weinrich, 12f.; Krafft, 15ff.). In diesem Sinne müßte die »Setzung« des »Asterix«-Chronisten so lange gelten, bis sie explizit verändert oder beendet wird.

Betrachtet man den Supratext dieses Comics (d.h. die von Wort und Bild konstituierte Sinneinheit) bloß oberflächlich und als additive Struktur, so scheint der Erzähler bereits mit den nachfolgenden dialogisierten Bildsequenzen verschwunden zu sein. Hat sich hier eine Veränderung der Erzählsituation vollzogen? Ein Wechsel der Erzählerrolle ist nur dort gestattet, wo sich nach den Regeln des Comics deren Ort befindet: innerhalb der Randlinien des Blockkommentars. Das System der visuellen und verbalen Regulative der Comics erfordert eine relativ strenge Einhaltung der hauptsächlichen Gestaltungsprinzipien, da andernfalls ein chaotisches Durcheinander die Folge wäre (vgl. Dolle-Weinkauff, 95ff.). Da dem

Erzähler im Bereich der verbalen Regulative die Blocktexte zugewiesen sind, heben die Sprechblasensequenzen ihn nicht auf; er ist im Hintergrund weiterhin präsent und wird, wie es die »Asterix«-Autoren zu tun pflegen, mit kleineren oder größeren Blockkommentaren immer wieder an der Textoberfläche zur Erscheinung gebracht, um die ihm zugewiesene Funktion zu erfüllen. Im Fall von »Asterix« hat der Erzähler nicht unwesentlichen Anteil an der Konstitution jenes geschichts- und mythenparodistischen Grundzugs, den der kundige Leser an den Geschichten von Goscinny und Uderzo so sehr schätzt und der sie bei Rezipienten nahezu aller Altersklassen populär gemacht hat.

Das Beispiel »Asterix« zeigt, wie wichtig es ist, auch im Comic nach dem Erzähler und seiner Bedeutung für die Geschichte zu fragen. Bezieht man weitere Autoren und Geschichten ein, so ergeben sich mit dem Erzählmodell Goscinnys und Uderzos verwandte, aber auch abweichende Phänomene. Ist für die »Asterix«-Autoren der Chronist im Kontext von Geschichtsparodie eine humoristisch angelegte Erzählerfigur, so findet sich etwa in den historischen Reise- und Abenteuerromanen des bekannten italienischen Autors Hugo Pratt – z.B. »Fort Wheeling« (dt.: 1986) und »Südseeballade« (1967; dt.: 1983) –, dessen ›seriöses‹ Pendant: ein Dokumentarist, der seiner Fiktion durch Ausbreitung historischer, kultureller und geographischer Fakten und Zusammenhänge, ja durch oft akribische Skizzen und Kartenmaterial den Anschein von Authentizität zu verleihen bestrebt ist.

Raffiniertere Formen eines chronikalischen Stils praktizieren die Autoren einer Reihe von neueren Comic-Geschichten. Exemplarisch sei hier auf »Neekibo« (1990) von Michel Plessix und Didier Teste verwiesen. Im Mittelpunkt dieser Adoleszenzerzählung steht der junge Julien Boisvert, der während einer Reise in die zentralafrikanische Sahel Erfahrungen macht, die seine Identität formen. Begleitet wird die Handlung von einem typographisch abgesetzten Erzählkommentar, der vom Helden über weite Strecken teilnahmsvoll und wie von einem guten Freund in der dritten Person berichtet. Erst gegen

Schluß stellt sich heraus, daß es sich um eingestreute Aufzeichnungen von Julien handelt, der sich auf diese Weise nachträglich Klarheit über seine Erfahrungen zu verschaffen sucht. Der schließliche Wechsel vom Er zum Ich zeigt sowohl Betroffenheit an als auch ein Begreifen der Vorgänge und ihrer Folgen für die Selbstfindung.

Der hier zu beobachtende Wechsel von einem fingierten auktorialen Erzähler zum Bericht in der ersten Person ist Ausdruck einer avancierten Erzählweise und widerspricht bestimmten Gattungskonventionen. Insbesondere für die populären Serien – und diese sind vor allem die von Kindern rezipierten – gilt die Regel, daß der Blocktext Ort auktorialen Erzählens zu sein hat; eine Festlegung, die aus dessen ursprünglicher Funktion als unbezweifelbare, objektive Instanz zur Regulierung von erzählter Zeit und Schauplatz herrühren mag. Sehen sich die Autoren dennoch einmal veranlaßt, von diesem Erzählstereotyp abzuweichen, so pflegen sie besondere optische Signale zu setzen, die den Wechsel der Erzählsituation markieren. Dies geschieht zumeist dann, wenn es erforderlich wird, mit Hilfe von Rückblenden bestimmte Voraussetzungen der aktuellen Handlung zu klären oder zu motivieren und diese ›Geschichte in der Geschichte‹ als subjektive Version einer der handelnden Figuren zu kennzeichnen.

Im ersten Beispiel, einem 1984 erschienenen »Abenteuer aus Onkel Dagoberts Schatztruhe« (Abbildung 1), darf sich der Autor nicht damit begnügen, den geraden Panelrand durch einen gewellten zu ersetzen. Die Wellenlinie als Begrenzung fungiert gewöhnlich als Signal für Vor- oder Rückblende, Vision etc., bedeutet aber keineswegs einen Wechsel der Erzählsituation. Da in die Story aber ein Erzählbericht eines der Handlungsträger eingeschoben werden soll, wird die Einführung eines Ich-Erzählers notwendig, der vorübergehend den angestammten Platz des auktorialen Erzählers im Blocktext einnimmt: der von Donald Duck nach handgreiflicher Auseinandersetzung mit Hilfe eines über den Kopf gestülpten Briefkastens zur Strecke gebrachte Immobilienmakler legt ein Geständnis ab, wie es ihm gelang, selbst den Geizhals Dagobert

*Abb. 1*

Abb. 2

zu übertölpeln. Um Irritationen zu vermeiden, präsentiert der im Blocktext placierte Erzählbericht als Auftakt ein Verweiszeichen, das Bildkürzel ›Hut mit Mailbox‹, welches den gewaltsam festgehaltenen Makler als den Ich-Erzähler der anschließenden Sequenz kennzeichnet. Ebenso wird die Rückkehr zur aktuellen Geschichte und zur auktorialen Erzählposition im vorletzten Panel der Bildfolge durch die Rückführung der optischen Abbreviatur auf die Figur geleistet, die sie bezeichnet.

Ein zweites Beispiel, das gleichfalls die Prozedur der oben diskutierten narrativen »Setzung« im Comic in hervorragender Weise veranschaulicht, demonstriert gleichsam den umgekehrten Weg. Statt den Blocktext um visuelle Zeichen zu erweitern und zum Integrativ des gesamten Panels zu machen, ziehen die »Asterix«-Autoren Uderzo und Goscinny es vor, die Sprechblase des Ich-Erzählers auf die Fläche des gesamten Panels auszudehnen (Abbildung 2). Die Sequenz aus der Geschichte »Der Arvernerschild« setzt den Ich-Erzähler, indem ihm der gesamte Raum des Einzelbilds reserviert wird. Der zur Supersprechblase aufgeblasene Panel kann selbst wiederum dialogische Rede enthalten. Der eingefügte Ich-Erzähltext unterscheidet sich vom gewöhnlichen Blocktext dadurch, daß er keinen eigenen Habitus besitzt. Einer besonderen Aufhebung des Ich-Erzählers bedarf es nicht; es genügt, den gerundeten Innenrand des Panels im Moment der Rückkehr zur aktuellen Geschichte wegzulassen, um damit zu signalisieren, daß die Geschichtenblase gleichsam geplatzt ist.

Wie bereits am Beispiel der Erzählung »Neekibo« von Teste und Plessix angedeutet, ist eine selbstbewußte jüngere Autorengeneration schon längst nicht mehr bereit, lediglich herkömmliche Darstellungs- und Erzählstereotypen fortzuschreiben. Sie hat sich auf die Suche nach eigenwilligen Formen begeben. Die aktuelle Entwicklung übrigens nicht nur der ausgesprochen experimentellen Strömungen der Comic-Literatur weist eine starke Neigung zur Ausbildung von Erzählerindividuen, insbesondere zum Ich-Erzähler auf. Man kann daher von einem massiven Drang zur Subjektivierung der Erzählerperspektive sprechen. Es ist offensichtlich, daß in diesem Kontext die Bedürfnisse einer bestimmten Leserschaft, derjenigen der Jugendlichen und jungen Erwachsenen, eine Rolle spielen.

Bei Comic-Erzählungen, die von vornherein aus der Perspektive eines Ich-Erzählers dargeboten werden, entfallen die oben beschriebenen Setzungs- und Aufhebungsprozeduren. Dabei ergeben sich im Hinblick auf die Gestaltung der Blocktexte zwei Möglichkeiten. Zum einen kann, wie etwa in der Erzählung »Das Fieber des Stadtplaners« (1987; dt.: 1989) von Bénoit Peeters und François Schuiten, das erzählende Ich innerhalb eines Blocktexts konventioneller Prägung auftreten und die Figuren der Handlung, darunter den visualisierten Ich-Erzähler selbst, kommentierend begleiten; zum anderen kann der vom Ich-Erzähler eroberte Raum für eine extensive Selbstdarstellung wie auch zur spielerischen Ausgestaltung des Blocktexts genutzt werden. So beginnt etwa Jacques Ferrandez sein »Algerisches Tagebuch« (1985; dt.: 1988) mit Auszügen aus handschriftlichen Tagebuchnotizen seines Ich-Erzählers, des Malers Joseph Constantin, denen aquarellierte Skizzen von Menschen und Orten seiner Nordafrikareise beigefügt sind (Abbildung 3). Angeregt von den Tagebüchern Eugène Delacroix' wird diese Perspektive über die ganze Geschichte hinweg weiterverfolgt und auf diese Weise eine die dialogisierten Comic-Sequenzen nicht bloß schrifttextlich sondern auch typographisch und ›malerisch‹ umspielende zweite Erzählebene geschaffen. Der hier kaum mehr als traditioneller Blocktext anzusehende Ort des Ich-Erzählers ist ein Ort sowohl der Innenschau und Selbstreflexion wie der – sei es dokumentarisierenden, sei es ästhetisch verfremdenden – Schau auf das Milieu und die Charaktere der Handlung. Bisweilen wird dieser Raum auch genutzt zur spielerischen Demonstration der unterschiedlicher Visualisierungstechniken anhand des gleichen Sujets, wie im Fall der beiden letzten Panels unseres Abbildungsbeispiel.

Die Preisgabe des auktorialen Erzählstils führt jedoch nicht nur zur Auslotung der diversen Möglichkeiten der Subjektivierung des Erzählens im Comic, sondern bietet auch Chancen zur Erprobung multiperspektivischer Erzählweisen. Hierbei können die medialen Spezifika der Bildgeschichte in besonderer Weise genutzt werden können. Das in wohl keiner anderen Aussageform realisierbare Nebeneinander von sukzessiver und simultaner Präsentation hält dem Comic-Autor nicht nur die Optionen für unterschiedliche, einander abwechselnde Erzählperspektiven zur Verfügung; es ermöglicht ihm darüberhinaus im Rahmen des Seitenlayouts die parallele Ausbreitung differierender Erzählebenen. Was der einzig auf den Schrifttext angewiesene Autor von literarischen Texten nur in sukzessiver Darstellung leisten kann, etwa die Darstellung eines von verschiedenen Personen gleichzeitig erlebten Ereignisses, vermag der Comic-Autor in den durch das Blatt begrenzten Räumen seines Mediums in voller Simultanität auszubreiten.

Es scheint, daß solch komplexe, für den weniger mit der Gattung und ihren darstellerischen Finessen vertrauten Rezipienten hermetisch wirkende narrative Strukturen gegenwärtig vor allem an solchen Stoffen und Themen erprobt werden, die einen relativ hohen Bekanntheitsgrad aufweisen. Besonders

Abb. 3

im anglo-amerikanischen Raum wenden sich erzähltechnisch ambitionierte Autoren und Zeichner in erster Linie den aus den 30er und 40er Jahren datierenden, in endlosen Seriengeschichten verbreiteten nationalen Comic-Mythen zu. So zählen einige der als Comic-Romane veröffentlichten »Batman«-Remakes aus jüngster Zeit zu den bislang in erzähltechnischer Hinsicht interessantesten Gehversuchen der Gattung, wenngleich sie inhaltlich mitunter wenig mehr bieten als eine psychologisch-intellektualistische Aufpolierung der alten Selbsthelferlegende.

Als Beispiel sei Frank Millers »Die Rückkehr des dunklen Ritters« (1986; dt. 1989) herangezogen. Bereits im Titel wird durch – allerdings unübersetzbare – Sprachspiele (»the dark knight« phonetisch wie: »the dark night«), deren Manier im übrigen auf den »Batman«-Schöpfer Bob Kane zurückgeht (»Gotham City« phonetisch wie: »Goddam City«), Doppelbödiges signalisiert. Die auf der abgebildeten Seitenmontage (Abbildung 4) getroffenen Aussagen beziehen sich auf das zuvor geschilderte Comeback des alternden Superhero, der sich nach Jahren der Zurückgezogenheit wieder mit spektakulären Verbrechensbekämpfungsaktionen ins Gerede gebracht hat. Das großformatige, eine ganze Seite ausfüllende Splash-Panel zeigt den vom Aktionsrausch besessenen Batman, schwelgend in Illusionen über seine »Wiedergeburt«. Die seitlich in Spaltenform angeordnete Sequenz von Blocktexten und Insert-Panels dokumentiert bruchstückhaft die widersprüchlichen Eindrücke seiner Schützlinge von vorangegangen Ereignissen.

Die kurze Folge kleinformatiger Text- und Bildkästen inszeniert jedoch nicht eigentlich die – ohnehin nur in flüchtigen Momentaufnahmen eingefangenen – Personen. Wichtig ist vielmehr das Medium, das sie nach Belieben auftreten und sprechen läßt, das Fernsehen. Miller benutzt dafür durchgängig in seiner Geschichte eine stets gleich große, vom Rechteck ins Oval übergehende, den TV-Monitor nachahmende Fläche; die akustische Dimension liefern die zugehörigen kleinformatigen Blocktexte.

Die Einbeziehung des Mediums Fernsehen in die Erzäh-

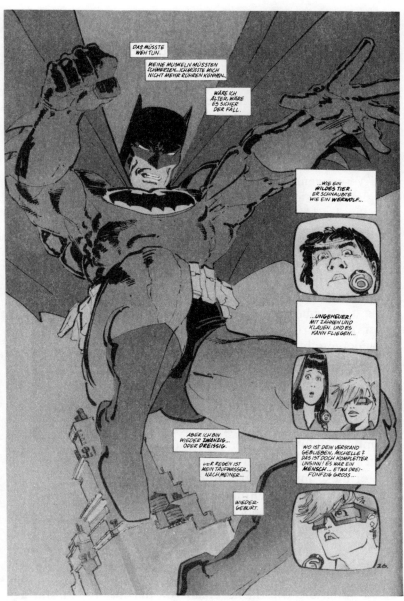

Abb. 4

lung ist keineswegs nur Dekor, dessen Präsentation der Handlung alles andere als redundant. Vielmehr etabliert der Autor hier eine neue Ebene der fiktiven Realität und ist gleichzeitig bestrebt, die Vorstellung von einer sinnvoll geordneten empirischen Wirklichkeit zu desavouieren. Indem er die Medienversionen der Ereignisse gleichberechtigt neben die mit objektivem Gestus erzählten Passagen und die unterschiedlichen subjektiven Versionen stellt, lösen sich die vertrauten Konturen der erzählten Welt auf. Die Unterschiede von fiktiver Wirklichkeit und subjektiv verzerrter Sicht, von fiktiver Gegenwart und Vergangenheit, Faktischem und Eingebildetem werden belanglos angesichts des Umgangs mit Wirklichkeitsmaterial, wie ihn das AV-Medium an den Tag legt. Die zwischen Wetterkarte und Werbung, Talk-Show und Frontbericht, Interview und TV-Seelsorge hin- und hergeschobenen fragmentarischen Wirklichkeitsausschnitte bieten scheinbar das Bild einer amorphen Masse. Auch und gerade die TV-News in ihrem hektischen Wechsel von Informationen und Kommentar, Meldung und Dementi, Studio und Kurzreportage produzieren mit einer Technik des permanenten Schnitts nahezu beliebig aneinandergereihte Informationsfragmente.

Doch schaffen Regie und Moderatorenkommentar – so legt Miller nahe – aus diesen Bruchstücken einen eigenen Kosmos, der mit der fiktiven Wirklichkeit der Handlung konkurriert und sie zunehmend überwuchert. Eben diese Fähigkeit des Mediums macht sich der Autor der postmodernen »Batman«-Adaption zunutze: in der Absicht, die Handlung durch ein weites Spektrum von Erzählperspektiven zu beleuchten, bündelt er diese mit Hilfe der Bildschirmfläche, die somit zu einem der wichtigsten Ordnungsfaktoren der Erzählung wird.

Abschließend sie noch auf einen Aspekt verwiesen, der durch die Konzentration auf die Art und Weise verbalen Erzählens im Comic an den Rand gedrängt wurde. Im vorliegenden Bildzitat aus Frank Millers »Die Rückkehr des Schwarzen Ritters« verläuft eine bedeutsame konnotative Bildachse diagonal durch die Bildfläche hinab von der mächtigen, mit aggressiver Gestik und Mimik dargestellten Gestalt Batmans zu den als Marionetten des Mediums präsentierten Objekten der Rettungsaktionen. Parallel zu der in den Blocktexten geäußerten Furcht vor dem trotz seiner Hilfeleistung als bedrohlich empfundenen Vigilanten wird hier mit visuellen Mitteln Bedrohung signalisiert.

In diesem letzten Fall haben wir es mit etwas anderem zu tun, als mit den zuvor in verschiedenen Ausprägungen behandelten, durch den Schrifttext konstituierten epischen Strukturen. Es handelt sich um eine erzählerische Teil-Information, die ausschließlich mit den Mitteln des Bildes erzeugt wird. Das einzelne Bildelement für sich genommen – der aus der Höhe herabgleitende Batman, die ängstlich, zweifelnd, besorgt nach oben gerichteten Blicke, die fragmentarischen Einblendungen der TV-Monitore – bieten nicht mehr als Momente isolierter sinnlicher Anschauung. Zum Erzählzusammenhang werden sie erst durch die Gestaltung als aufeinanderbezogene Bildsequenzen, durch Anordnung, Perspektive, Einstellung, Farbgebung etc.»Der Faktor des Bewegtseins« – stellt Käte Hamburger fest – »der filmischen Photographie macht diese zu einer Erzählfunktion« (Hamburger, 204). Bewegung meint hier Sukzessivität als Merkmal des Erzählprozesses, der im Comic durch die Aufeinanderfolge der Einzelbilder hergestellt wird: Layout als Simulation von Bewegung, Layout-Technik als die Kunst visuellen Erzählens.

Diese andere erzählerische Ebene verhält sich komplementär zu den verbal konstituierten Erzählstrukturen und es bedarf eines anderen Instrumentariums, um sie zu beschreiben und zu analysieren. Die Stelle der Erzählerrollen, d.h. der »erdichteten« Kunstfiguren, der von den Autoren eingesetzten Mittler, nähmen hier etwa die – als Funktionstypen zu verstehenden – Haltungen des Zeichners, des Kameramanns und des Monteurs ein. Sie fixieren die Personen, Gegenstände und Milieus der Handlung im Bild, bestimmen Formate, Einstellungen und optischen Perspektiven; sie richten die Abläufe der Sequenzen ein. Ihre Mittel sind anschaulicher und suggestiver als die des verbalen Erzählers, doch sind sie andererseits vieldeutiger und deshalb in anderer Weise beschränkt als die epische Rede. So sehr der Autor »dem Bilde deutende Funktionen einlegen mag«, so wird das ausschließlich mit optischen Mitteln Erzählte doch nicht »begrifflich verfestigt« sondern der Wahrnehmung überantwortet und hält Deutungsmöglichkeiten mehr oder minder offen (Hamburger, 204). Der Hinweis auf die Beschränkung oder Vorzüge des einen wie des anderen Erzählprinzips mag zugleich verdeutlichen, daß erst das reflektierte Zusammenspiel beider im Comic zu befriedigenden Lösungen führt.

## Literatur

Červenka, Miroslav: Der Bedeutungsaufbau des literarischen Werks. München 1978.
Doležel, Lubomír: Die Typologie des Erzählers: ›Erzählsituationen‹ (›Point of view‹ in der Dichtung). In: Jens Ihwe (Hrsg.): Literaturwissenschaft und Linguistik. Bd. 3. Frankfurt/M. 1972.
Dolle-Weinkauff, Bernd: Die Macht des Wortes. Zu einigen Problemen der Analyse von Comic-Geschichten. In: Petzold, D./Späth, E. (Hrsg.): Unterhaltungsliteratur. Ziele und Methoden ihrer Erforschung. Erlangen 1990.
Genette, Gérard: Narrative Discourse. Oxford 1980.
Gräf, H.G./Leitzmann, A. (Hrsg.): Der Briefwechsel zwischen Schiller und Goethe. 3 Bde. Leipzig 1955.
Hamburger, Käte: Die Logik der Dichtung. München 1987.
Klotz, Volker (Hrsg.): Zur Poetik des Romans. Darmstadt 1965.
Krafft, Ulrich: Comics lesen. Untersuchungen zur Textualität von Comics. Stuttgart 1978.
Petersen, Jürgen H.: Kategorien des Erzählens: Zur systematischen Deskription epischer Texte. In: Poetica 9 (1977), 167–195.
Pforte, Dietger: Comics. In: Kulturpolitisches Wörterbuch BRD/DDR im Vergleich. Stuttgart 1983.
Stanzel, Franz K.: Theorie des Erzählens. 3. Aufl. Göttingen 1985.
Weinrich, Harald: Tempus. Besprochene und erzählte Welt. 4. Aufl. Stuttgart u.a. 1985.

Zur Klärung der verwendeten analytischen Begriffe sei verwiesen auf das umfangreiche Glossar im Anhang von: Dolle-Weinkauff, Bernd: Comics. Geschichte einer populären Literaturform in Deutschland seit 1945. Weinheim 1990, 325–334.

# COMICS

Bernd Dolle-Weinkauff
## Comics
Geschichte einer populären
Literaturform in Deutschland
seit 1945.
Mit einem Vorwort von
Klaus Doderer
391 S. mit 263 Abb.
Pappband. DM 128,–
ISBN 3-407-56521-6

Comics sind aus dem Alltag
junger und zunehmend auch
erwachsener Leser in der Gegenwart kaum mehr wegzudenken.

Als eine »dritte Macht« im Kulturangebot haben sich die modernen Bildgeschichten zwischen die traditionelle Buchliteratur und die neuen elektronischen Medien geschoben. Mit der von Bernd Dolle-Weinkauff am Institut für Jugendbuchforschung in Frankfurt erarbeiteten Studie liegt erstmals eine systematische Beschreibung und Einschätzung der vierzigjährigen Geschichte dieser populären Literatur in Westdeutschland vor. Wo liegen die Anfänge? Woher kamen und kommen die in der BRD verbreiteten Comics, wer macht und verlegt sie? Warum wurden die Comics erbittert bekämpft und wie werden sie heute beurteilt? Wie veränderten sich die Botschaften und Helden der Blasenliteratur im Lauf von vier Jahrzehnten? Gibt es typisch deutsche Comics und Comic-Bearbeitungen? Die Untersuchung verfolgt sowohl die frühen Spuren in der unmittelbaren Nachkriegszeit als auch aktuelle Tendenzen und Perspektiven. Gestützt auf eine umfangreiche Sammlung und langjährige Recherchen werden Entwicklungslinien und Strukturen eines bislang eher als anonym und amorph wahrgenommenen Gegenstandes herausgearbeitet.

Preisänderungen vorbehalten

Beltz Verlag · Postfach 10 01 54 · 6940 Weinheim

# GRÜNE REIHE

Christian Büttner, Eberhard W. Meyer (Hrsg.)
**Rambo im Klassenzimmer**
Wie Lehrer/-innen sich der Videofaszination ihrer Schüler annähern können
199 S. Br. DM 39,80
ISBN 3-407-25134-3
Dieser Band enthält erprobte Modelle, praktische Erfahrungen und Arbeitsmaterialien für die Lehrerfortbildung zur Faszination von Horror- und Gewaltvideos bei Schülerinnen und Schülern.

Hans-Heino Ewers (Hrsg.)
**Kindliches Erzählen,
Erzählen für Kinder**
Erzählerwerb, Erzählwirklichkeit und erzählende Kinderliteratur
186 S. Br. DM 36,–
ISBN 3-407-25130-0
Der Band vereinigt Zugänge zum Erzählerwerb, der Erzählwirklichkeit und zur Rolle der erzählenden Kinderliteratur im Vorschul- und Schulalter.

Ulrich Greber, Jutta Maybaum, Botho Priebe, Hartmut Wenzel (Hrsg.)
**Auf dem Weg zur »Guten Schule«:
Schulinterne Lehrerfortbildung**
Bestandsaufnahme – Konzepte – Perspektiven
530 S. Br. DM 54,–
ISBN 3-407-25129-7
Aus dem Inhalt: Schulinterne Lehrerfortbildung – Ansätze, Entwicklungen, Diskussionsstand; Beispiele in der Bundesrepublik; Beispiele aus dem Ausland; Aspekte schulinterner Lehrerfortbildung.

Ilse Brehmer (Hrsg.)
**Schule im Patriarchat –
Schulung fürs Patriarchat?**
173 S. Br. DM 34,–
ISBN 3-407-25132-7
Ein Grundlagentext, der für die Benachteiligung von Schülerinnen und Frauen in der Schule sensibilisiert.

Iris Mann
**»Ich war behindert an Hand
der Lehrer und Ärzte«**
Beispiele für Nicht-Aufgeber
176 S. Br. DM 34,–
ISBN 3-407-25133-5
An zwei sensibel geschilderten Beispielen kann die Autorin zeigen, daß Lernerfolge auch dann möglich sind, wenn sogenannte Experten schon aufgegeben haben.

Horst Rumpf
**Didaktische Interpretationen**
Galilei, Euler, Lichtenberg, Lessing, Tolstoj, Freud, Kükelhaus, Oevermann und andere
181 S. Br. DM 32,–
ISBN 3-407-25131-9
Dieses Buch spürt didaktische Nicht-Profis aus vier Jahrhunderten nach, wie sie Aufmerksamkeiten intensivieren, wie sie das Unbekannte unter dem Scheinbekannten stark machen – Lehre und Kulturarbeit abseits von Lernschnellwegen.

Preisänderungen vorbehalten

Beltz Verlag · Postfach 10 01 54 · 6940 Weinheim